U0875923

文明的故事

第三卷 新世界的曙光

THE STORY of CIVILIZATION

花木僧——主编
韩毅 等——著

新星出版社 NEW STAR PRESS

目录

CONTENTS

奇异的悲歌

亚非拉的觉醒与再造

矛盾与战争

战争的延续

当代的秩序

文明的故事

奇异的悲歌

THE STORY of CIVILIZATION

资本主义演进过程的奇异悲歌：非洲奴隶贸易

2013 年 6 月 27 日，阳光明媚，万里无云。在西非国家塞内加尔的一个小岛上，时任美国总统奥巴马和夫人米歇尔正在参观历史遗迹“不归门”。这个本来看似很平常的参观活动，却受到了世界媒体的热切关注。

各国报纸纷纷登载了奥巴马和米歇尔参观遗址的大幅照片，而且配发了详细的报道和评论。一篇报道写道：奥巴马身着白色衬衣，卷起袖子，表情严肃，以和当年离开非洲的黑人奴隶相同的视角凝望着大西洋，一旁的米歇尔看着地面似乎也若有所思……

奥巴马为何要特意参观“不归门”，这背后又有怎样的故事？作为美国首位黑人总统，奥巴马站在“不归门”边凝视的，不仅仅是大西洋上的汹涌海浪，更是人类历史上最悲惨、最耻辱、最黑暗的一页——血泪斑斑的奴隶贸易。

从 15 世纪中叶到 19 世纪下半叶，在这 400 多年漫长的岁月中，成千上万的黑人失去自由。在奴隶贩子的押解下，通过位于西非海岸上的几十

◆ 18 世纪海军日记记录黑奴贸易细节

个“不归门”被运到大西洋另一侧的西印度群岛和美洲大陆，成为在采矿场和种植园里做工的奴隶。

对他们来说，从这些地方上船以后，就踏上了一条悲惨而痛苦的不归之路。所以叫作“不归门”。

那么，这罪恶的奴隶贸易是如何出现并大规模发展起来的呢？

在非洲历史上，奴隶买卖的现象并不是 15 世纪中叶才出现的。早在公元 1 世纪出版的《红海回航记》中就有相关的记载。但是，在哥伦布发现美洲之前，奴隶贸易的规模还是十分有限的。哥伦布发现了美洲大陆这块富饶的土地后，多少探险者和财富的追逐者在利益的驱动下，万里渡海而来。他们到来之后欢呼，这里简直是种植者的天堂，大量无主的土地可以随意利用，于是他们在这里建立了很多庞大的种植园。

但是问题来了，种植园谁来种植，仅仅依靠那些远渡重洋而来的欧洲人是绝对不够的。体质健壮又吃苦耐劳的非洲黑人走进了这些种植园主的视线。1501 年，第一船非洲奴隶从西非海岸横渡大西洋，到达美洲大陆。

此后，奴隶贸易便日益兴盛起来。

最初，欧洲人主要是组织所谓的“捕猎队”，自己动手猎捕黑人。他们偷袭黑人村庄，烧毁房屋，往往一夜之间把和平宁静的黑人村庄踏为荒无人烟的废墟，再把黑人捆绑起来卖为奴隶。

但是这种方式过于粗暴蛮横，引起了当地黑人的激烈反抗。另外如果纯靠自己猎捕，很难有整船的非洲人被运到美洲的奴隶种植园。于是猎捕者改变了策略，转而与当地部落酋长合作，采取以枪支、火药为诱饵，蒙骗某些部落酋长，挑动部落之间的战争，以便从战胜方手中获取俘虏，再将这些俘虏卖给欧洲的奴隶贩子。

当时，西部非洲的酋长部落纵横交错，种族和语言又错综复杂，说简单点，两个山头的人说话估计都互相听不懂，这给欧洲殖民者利用部落之间的矛盾挑起战争，留下了可乘之机。在 400 多年的奴隶贸易过程中，由欧洲殖民者挑动的这种部落间的“猎奴战争”，始终就没有停止过。两个部落一打仗，就会有人成为俘虏。部落战争结束后，战俘作为无用品，养着还浪费粮食，就卖给奴隶贩子。

黑人被捕获后，会被欧洲殖民者成串地押往设置在沿海地区的奴隶市场。那里是专门买卖奴隶的地方。在市场的中央，往往有一个用木头搭建的高台。被抓捕的黑人被一个个地牵上台子，台下的奴隶贩子则像买卖牲畜一样，根据台上黑人的年龄、身高、身体的强壮程度给出购买价格。

当买卖双方拍板成交后，奴隶贩子就用烧红的烙铁，在奴隶的臂上和胸前打上带有公司标记的烙印。

◆ 被捕获的黑奴

这还只是奴隶们悲惨命运的开始。在运奴船到来之前，奴隶们会像蚂蚁一样被关在阴暗狭小的地牢里。地牢里面黑洞洞的，伸手不见五指，只有一个极小的透气窗，射入一丝日光。据说，在当年一个100到200平方米的地牢就能关押400个至600个黑奴。他们吃喝拉撒都在这暗无天日的地牢里，等着船只来押送他们去新大陆，有时一等就是三四个月。地牢里粪尿成河，瘟疾流行，往往船只未到，已有不少黑奴死在地牢里！

更加不幸的是，运送黑人奴隶的大西洋航线更是一条死亡航线。运奴船通常需要经过6周左右的航行才能到达目的地。即使是在海面平静、气温凉爽的时候，生活条件也是无法忍受的，天气炎热、风浪汹涌的时候就更不用说了。

此时，活下去对于奴隶们都是莫大的奢望。另外，为了获得更多的利益，运奴船经常会超载。有时，一艘应该运载100人的船居然装载了400多名奴隶。所有的黑奴被麻绳绑住，密密麻麻地坐成一排排，人挨人地挤在一块。由于船舱拥挤、潮湿，空气污浊，经常出现传染病。患病的奴隶往往被直接投入海里。1874年，"戎号"贩奴船一次就把132个患病的奴隶抛入了大海。

当时的一位美国诗人曾满怀悲愤地写道：

大海的深处，
泥泞的沙里，
躺着被人遗忘了的、
锁着铁链的人骸。
在死沉沉的黑暗里，
闪烁着不幸的奴隶的白骨，

◆ 非洲奴隶被投掷向船外

他们从漆黑的巨浪里，

大声呼唤："我们是证人！"

虽然运奴过程中不少奴隶死去，但是贩奴商人还是能获得极高的利润。贩奴商人出航一次，一般可以获得一到三倍的利润，有时利润甚至高达十倍之多。

在奴隶贸易暴利的吸引下，越来越多的欧洲商人和公司加入贩奴的行列中，甚至包括了西班牙、葡萄牙和英国的王室成员。奴隶贸易的不断扩大，就需要更多的船来押送黑奴。

以英国的沿海城市利物浦为例：1709 年时，这个城市只有一艘贩奴船从事贩奴贸易，到 1792 年已达 132 艘。英国、法国这些世界大国当年都在贩奴贸易中分得了极多的财富。正是这一本万利的奴隶贸易，以黑人奴隶的累累白骨为代价，却给欧洲创造了大量财富。

罪恶的奴隶贸易从一开始就受到了世界各国正义力量的谴责，但是利益的吸引让大多数参与者选择闭上了耳朵。直到 18 世纪下半叶，欧洲的废奴运动开始蓬勃兴起，大西洋的奴隶贸易也开始逐步走向衰落。

最大的奴隶贩子英国在世界主要国家中第一个禁止黑奴贸易，并且利用自己强大的海军，督促世界各国抵制黑奴贸易。1787 年，英国成立了“废除非洲奴隶贸易协会”，掀起了声势浩大的废奴运动。1806 年，英国议会两院通过了废除非洲黑人奴隶贸易的法令。

远在大西洋彼岸的美国，是黑奴输入最多的国家。它也在 1807 年颁

◆ 非洲来的黑奴在巴西的种植园里制造蔗糖

布了一项禁止把奴隶输入美国国土的法令。但这个法令始终没有得到认真执行。直到南北战争期间林肯总统颁布《解放黑人奴隶宣言》后，美国的黑人奴隶贸易才真正被禁止。

但最终给奴隶贸易致命一击的是工业革命带来的机器设备。

就拿棉花种植园来说吧。美国早年是棉花生产大国，棉花专供英国和其他国家纺织业做原料。在没有合适机器设备的时候，棉花从种植到收获，都需要大量的劳动力，因此美国南方的棉花种植园对黑人奴隶的需求量一直很大。

后来各种机器被引进棉花种植园。例如一种使棉花纤维和种子脱离的轧棉机，就可使劳动效率提高 50 倍！机器设备使种植园对奴隶的需求减少，也改变了奴隶的待遇。因为使用机器设备时，还得需要黑人奴隶，为此种植园主就得培训奴隶。这样，种植园主就得对黑人奴隶更好一些，毕竟培养熟练的技术工人并不容易。

黑奴贸易是非洲数千万奴隶的苦难，是血淋淋的历史。然而不可否认的是，它也为资本主义的发展奠定了雄厚的经济基础，为资本主义国家尤其是欧洲各国提供了原始积累。但反过来市场这只“看不见的手”，也在影响着黑奴贸易的走向。工业革命的到来加速了黑奴贸易的结束，反过来讲，黑奴贸易的开始也在一定程度上加速了工业革命的到来。

19 世纪 60 年代后，随着美国、古巴和巴西三大蓄奴国先后废除奴隶制，奴隶贸易失去了最后的市场。1890 年布鲁塞尔国际会议通过了废除奴隶贸易的决议，标志着奴隶贸易的终结。这也让人类历史最黑暗的一页成为过去。

（韩毅）

英国历史上的圈地运动：羊真的能吃人吗？

前面讲到资本主义原始积累的主要途径之一，是非洲奴隶贸易。本章再来讲讲另外一个途径，也是大家学习世界历史经常被提及的一段，它的罪恶甚至不亚于奴隶贸易。

我学历史的时候，讲到英国资产阶级革命这一段，就提到一个广为流传的“羊吃人”的故事。它源于 1516 年英国出版的一本叫作《乌托邦》的书，作者是空想社会主义者托马斯·莫尔。他在书中写道：

◆ 托马斯·莫尔画像

“绵羊本来是很驯服的，所欲无多，现在它们却变得很贪婪和凶狠，甚至要把人吃掉，它们要踏平

◆ 反映“圈地运动”的插图

我们的田野、住宅和城市。”

为什么托马斯·莫尔会说出这样的话？“羊吃人”究竟是怎么一回事？

这一切，还要从 16 世纪的英国说起。

随着新航路的开辟，世界各地区、各民族之间的经济文化交往越来越密切，地处大西洋航运中心的英国可是占了大大的便宜。英国一直是欧洲市场优质羊毛的供应商，原本出口量就很大的羊毛在市场越发抢手，供不应求，造成羊毛价格的飞速上涨，英国的养羊业随之变得越来越有利可图。

于是，一些土地贵族开始投资养羊业，并且为了扩大养羊的牧场而圈占土地。

最开始贵族们只是圈占一些公有土地，后来又开始圈占农民自有的土地。随着越来越多的贵族加入圈地的行列中，圈地现象变得越来越普遍，圈地的规模也越来越大，最终酿成了英国历史上有名的“圈地运动”。

圈地运动给从事养羊业的贵族带来了惊人的利润，却给英国的农民带来了灭顶之灾。

原本，他们每家每户都拥有一小块土地，虽然没法大富大贵，却也逍遥自在，过着日出而作、日落而息的田园牧歌式生活。可是，这一切的平静，都被那些贪得无厌的贵族地主们彻底地打破了。

贵族地主利用权势，调动家仆甚至军队，以暴力驱赶这些自耕农，欺负他们的家人，拆毁他们的房屋，杀死他们的牲畜，把他们从世代赖以生存的土地上赶走。

在这之中，也有很多自耕农不屈服于命运的枷锁，他们奋起反抗。我们下面说的故事，就是其中非常典型的一例。

故事的主人公叫罗伯特·凯特，他出身于英国一个中等家庭，从小就讲义气，好打抱不平，是附近小有名气的侠义人物。凯特曾经在镇里当过制革匠人，为了镇里手工业者们的利益，他曾狠狠地教训过那些囤积居奇、哄抬物价的无良商人，受到乡亲们的拥护。

但是，他却因此吃了官司，没了生意，还蹲了几天大牢。等家人把他赎出来后，他只好回乡务农。

一天中午，凯特吃过午饭正在自家屋里休息，便听到有人粗暴地砸门。

“罗伯特·凯特，再不出来我们就拆了你这屋子！”

凯特一开门，见是四个面相凶恶的大汉，他们手里拿着铁锹、镐头，明显是来找麻烦的。

“你们要干什么？”

凯特轻蔑地问道，他一向看不起这些狐假虎威的贵族仆从。

“干什么？我们家骑士大人看中了你这块土地，从今天开始，这就是我们大人的牧场了！你赶紧收拾东西滚蛋，我们好把这儿拆了，如果耽误了大人养羊，我们就把你带到城堡里绞死！”

“哼！就凭你们？”

凯特并没把这几个人放在眼里。

“不知死活的东西，动手！”

只见仆役们抄起家伙，恶狠狠地向凯特扑来。

这些仆役虽然都身强体壮，但由于凯特更擅长搏击，仆役们的工具不仅被凯特夺了，人还被他打得鼻青脸肿，四散奔逃。

这之后数日的相安无事，让凯特以为那群恶霸不敢再来找他的麻烦了。但是凯特想错了。

这一天，凯特正准备出去挑水，拿着扁担和木桶的他一开门，就看见了十几个人，这些人个个全副武装，手里拿着长剑、钉头锤，还有长弓。为首的还是那天被打的那个仆役头领。

仆役头领见到凯特二话没说拔剑便砍，后面的雇佣兵也拔出兵器，扑向凯特。凯特慌忙后退躲闪，并顺手把身边的木桶扔向仆役头领，仆役头领被砸了个正着，向后倒去。

结果又不巧他倒在了后面雇佣兵刚刚拔出的剑尖上，被捅了个透心凉。

“不好，出人命了。”

凯特心念一闪，便跑进里屋，越窗而走。后面的雇佣兵和仆役们反应过来后，一边把仆役首领拉走抢救，一边向凯特追了上去。

但由于他们本身就没有凯特跑得快，又不熟悉地形，凯特三转四转就绕进了树林里，成功脱逃。

凯特不敢再回家，一路流浪到了一个叫诺里奇的地方。起初他想重操旧业，再次当个制革工匠，但是，他连购买工具的本钱都没有，只好去沿街乞讨。一天，警察发现了衣衫褴褛、身无分文的凯特，把他抓到了一个叫济贫院的地方。说是济贫院，实际上就是监狱。在这里，凯特在监工的鞭打下到采石场搬巨石服苦役。

济贫院里每天都有一些人被押来做苦工。这一天，又有两个人被扔进凯特的牢房。只见这两人被折磨得体无完肤，而且还都少了半只耳朵。凯特看清了他们的脸后不由得大吃一惊。

“威廉！怎么是你？！”

原来被扔进来的两个人里，有一个竟然是凯特的弟弟威廉。

“现在的世道呀，真是不让人活了，城市行会里的那些坏人个个仗势欺人，打压我们这些后来的工匠，生意做不下去了，才不得已去流浪。可是没过几天，政府又颁布了个什么该死的《济贫法》，规定抓住流浪汉就鞭打一顿送回原籍，第二次抓住就要割去半只耳朵，第三次抓住就要处以绞刑。这不，我已经是第三次被抓了，明天……明天他们就要绞死我了……”

见到凯特面露焦急，威廉压低了声音贴着凯特的耳朵，继续说：

“不过你不用担心，我这个朋友已经想好了脱身之计，我们就如此这般……”

入夜，威廉和他的同伴从衣服里拿出一把藏得很隐秘的锉刀，锉开了这间牢房的锁。

他们三人随即溜出牢房，并用铁链砸死了两个值班守卫，拿到了守卫的钥匙和兵器。

之后，他们打开了济贫院里所有的牢房，带着被关押的囚犯一起逃出了济贫院。

逃出来之后，凯特向众人说道：

“虽然今天我们逃了出来，但是真的能摆脱被处死的命运吗？如果我们就此散去，等到天明，他们只需要召集一些警察，就能轻而易举地再把我们一个个抓回去绞死。如果大家相信我，我们一起举兵起义，逼迫国王和那些贵族们与我们谈判。到那时，我们也许有可能重新夺回属于我们自己的土地和权利。”

囚犯们都觉得凯特说得有道理，纷纷表示愿意追随他。

随后，起义军在凯特兄弟俩的带领下主动出击，攻下了诺里奇城的一处武器库和附近的一些谷仓，又攻下了萨里山庄，将这里作为他们的大本营。在这之后，起义军们便开始到处收纳那些被贵族圈走土地的破产自耕农和流离失所的城市手工业者，还神出鬼没地在当地扫荡那些被贵族们圈起来的牧场，拔掉圈地的围篱，屠杀里面的羊群，并把羊毛付之一炬。

赶走这些土地上的贵族以后，他们又把这些失而复得的土地平均分配给所有人。凯特起义军的这些举动深得民心。

因此，从 1549 年 6 月起义开始到 7 月底，短短两个月的时间，起义军的队伍就由最初的几百人迅速扩展到了两万人。他们通过那些被放走的贵族，向国王传达了要他们放下武器的条件，就是国王必须下达禁止圈地的命令。

起义军的发展壮大，吓坏了英国国王。

他连忙召集手下的大臣商量对策，经过密谋后，他们想出了一条诡计。一方面，国王派出了一个信使到起义军大本营，口头答应起义军，说国王会就此事与大臣和贵族们商议，满足起义军的要求，但是起义军要暂停对贵族领地的进攻；另一方面，趁着起义军停止行动之机，国王秘密召集军队，筹备粮草军饷，准备剿灭起义军。

凯特兄弟和起义军轻信了国王的诺言，停止了进攻。结果，还不到一个月，国王就召集了大批军队。

8 月下旬，国王的军队开始进攻诺里奇，守城的起义军无法抵挡训练有素的正规军队，伤亡惨重纷纷撤退。不久，萨里山庄大本营也失陷了。凯特兄弟眼看着大势已去，开始亡命天涯。可是没过多久，他们就分别被捕，最终英勇就义了。

凯特兄弟的起义虽然失败了，但是，他们奋起反抗“羊吃人”的圈地运动的英勇事迹，却在英国民间流传了很久。

其实圈地运动并不是英国固有的产物，德、法、荷、丹等国都曾先后出现过，只不过英国的圈地运动最为典型。中国也出现过圈地运动，如清初多尔衮率清军入关，满族人口大量涌入北京附近。为安置满族诸王、勋臣，解决八旗官兵生计，多尔衮与顺治都曾下令圈地。圈地后很多地主农民田地被占而流离失所，部分地主或农民投充到八旗庄园，或流亡他乡，造成出现大量流民、乞丐的现象。

16、17 世纪的英国乃至欧洲，圈地运动的发生也是历史的必然。在这个时期，资本正处于野蛮生长的阶段，它追逐利润的本性得到了不受限制的扩张。即使羊毛没有成为一种热销商品，也会有别的商品在它的位置上，引发其他类型资源和产品的过度生产。

另外因为圈地，过去自给自足的小土地所有者和小租地农民失去了土地，他们为了维持生计，不得不到市场上去购买自己所需要的一切。从这个角度来说，英国的圈地运动促进了资本主义经济的发展，并为后来的工业革命提供了市场。

而像凯特兄弟这样的起义者，则是这个资本野蛮生长阶段必然产生的

◆ 英国“圈地运动”盛行的大亚茅斯地区

反抗者。尽管作为个人他们失败了，但是资本在未来也必然会面临来自各个方面的压力。到了今天，调控资本的法律经济制度已经越来越完善，资本追逐利润所导致的疯狂已经被限制在法律约束的范围内，但是一不小心它还是会钻出来吃人。地沟油、苏丹红、毒奶粉不就是今天吃人的“羊”吗？居安思危、保持警惕，可能就是这段悲剧留给我们最重要的启示吧。

好了，“羊吃人”的故事就讲到这里，联系上一章的黑奴贸易，也许你对这句话的理解会更深刻：“资本来到世间，从头到脚，每个毛孔都滴着血和肮脏的东西。”

（韩毅）

商业与人体的双重兴奋剂：烟草的诞生与贸易

说起烟草，故事真是一箩筐。本章我们要讲的，是发生在 16 世纪的一场隐藏在烟草背后的贸易争夺战。故事的主角，是当时进行殖民扩张竞争的两大巨头——西班牙和葡萄牙。

1493 年秋天的一个晚上，一名西班牙传教士正在古巴的伊斯帕尼奥拉岛（可以简称伊斯岛）上散步。

他的名字叫作卡萨斯，是因为参加哥伦布船队的第二次美洲航行而来到古巴的。正当卡萨斯为岛上的异域风情所吸引时，他发现一群本地人围坐在不远处的空地上，他们身边不时地冒起缕缕青烟。好奇的卡萨斯走了过去，靠近观察。只见一群头戴羽毛的本地人坐在一名祭司的身边，中间围着一小堆篝火。

那些本地人手里都拿着一根材质怪异的管子，里面塞着一种草叶状的植物。他们将管子凑近篝火，点燃了管子里的植物。只见管子里飘出一缕缕神秘的烟雾，那些人将烟雾吸入嘴里，脸上露出了十分惬意的笑容，口中还念念有词。

看到这样一幕，传教士卡萨斯感到毛骨悚然，难道这就是传说中的邪恶巫术吗？

卡萨斯在慌乱中用尽全身的力气跑回住地，将看到的一切告诉了好友——船上的大副："本地人正在施展邪恶的巫术，……不知道他们……想要干什么，……我们……要不要阻止他们？"

大副听后哈哈大笑，伸手拿出了一堆颜色有些发暗的叶子问道："他们点的是不是这种叶子？"

还没等卡萨斯回答，他就将两片叶子放入管中点燃。

只见空气中顿时缭绕着充满芳香的烟雾，卡萨斯闻着这香气顿觉神清气爽，刚才疯狂"逃命"来报信的疲劳仿佛也随着这些烟雾飘到了九霄云外。

"这是什么叶子，烧起来这么好闻？"卡萨斯对眼前这些让他飘飘欲

◆ 古巴晒制烟草

仙的神秘叶子充满了好奇。

“去年我和哥伦布船长到了圣萨尔瓦多，见到当地的印第安人烧这种叶子来吸。我们也好奇，便询问了一下当地的向导。向导说这种东西叫作‘tobaca’，可以缓解疲劳、提神醒脑。他们的酋长在我们临走时还送了许多叶子给我们。”

看着卡萨斯那充满好奇又惊喜的眼神，大副继续说道：“说老实话，哥伦布船长不太想要这个东西，要不是因为它分量轻，带着也不压船，这东西早就被丢到大海里去了。再加上水手们航海干活累得慌，休息的时候没事儿就拿它们出来吸。你别说，没想到这些叶子烧起来的味道还真不错！”

听了大副这些话，卡萨斯才恍然大悟。不久后，他将自己这次的见闻

◆ 古巴烟草种植地

和经历写进了他的著作《印第安人史》中，这是首次有文字记载的人类吸烟场景。有趣的是，当卡萨斯在书中拼写“tobaca”的时候，把这个词错误地拼写成了“tabaco”（西班牙语“烟草”一词）。后来，英国人发现了这个错误，用音译发明了一种更接近于原版的写法“tobacco”（英语“烟草”一词）。

西班牙人最先把烟草带到了欧洲，这种神奇的香气让欧洲人从好奇到尝试，再到爱不释手，吸烟很快在欧洲大陆风靡一时。吸烟者感觉吸入的烟雾不仅可以抗饿解渴，还可以驱除疲累恢复体力，精神也能由此得到放松。不仅如此，在当时的欧洲，香烟更被作为药物使用。例如，西班牙人最早就称烟草为“圣药”。

16 世纪，欧洲将烟草作为治疗牙痛、寄生虫病、口臭、破伤风的药物，部分欧洲人甚至认为可以治疗曾经肆虐欧洲的黑死病。

随着香烟在欧洲的流行，烟草的种植和贸易就变成了有利可图的行业，各个国家都想来分一杯羹，加入烟草贩卖贸易之中。

在西班牙人捷足先登之后，他们的老邻居葡萄牙人也盯上了这种神奇的叶子。要知道，葡萄牙在巴西有着大块的殖民地，那里的土壤和气候非常适合种植烟草。

于是，葡萄牙人一边在自己的殖民地上推广种植，一边悄悄地为这些烟草寻找销路，以便在烟草的贸易竞争中战胜他们的对手西班牙。

在为烟草寻找销路的过程中，葡萄牙人首先把目标锁定在欧洲大国法兰西的身上。可是，怎么样才能攻下这个堡垒呢？葡萄牙人是“眉头一皱，计上心来”。他们首先收买了法国驻葡萄牙大使尼古特的朋友，让他将烟草的功效介绍给尼古特，随后又诱使尼古特吸食烟草。等到每日为国际事务殚精竭虑的尼古特彻底爱上了这种可以使他精神放松、提神醒脑的“新产品”后，尼古特的朋友开始了“图穷匕见”式的劝诱：

“我亲爱的朋友啊，听说贵国王太后常常因国事而烦躁，你何不将这些能让人精神焕发的烟草推荐给她，来表达你对太后的无限忠诚，你也可借此加官晋爵，一展抱负。如此这般，岂不美哉？”

尼古特听后觉得很有道理，便回应道：

“王太后一定会喜欢这些烟草的，我亲爱的朋友，谢谢你今日的金玉良言啊，待来日飞黄腾达之时，我一定重重报答。”

尼古特的计划或者说葡萄牙的计划有没有成功呢？这里先不揭晓答案，容我卖个关子，不起眼的烟草，如何让欧洲为之疯狂。

相较于结果，可能大家更疑惑的是，为什么葡萄牙选择的是法国而不是其他国家呢?

如果大家对前面的知识还有印象的话，应该知道在16世纪法国国力强大，是欧洲数一数二的强国，并且还是西班牙在欧洲最大的竞争对手。当时的所谓的人生赢家，西班牙国王查理五世在意大利战争中也被法国逼得灰头土脸。对于葡萄牙来说，正所谓敌人的敌人就是朋友，因此把烟草贸易伙伴定位为法国。

另外，在1559年，当时欧洲结束了长达60年的意大利战争，签订了卡托—康布雷齐协议。协议里面包含了法国和葡萄牙的政治联姻，两个国家因为姻亲关系绑得更紧密了。长期受西班牙威胁的葡萄牙选择同病相怜的法国也就不足为奇了。

也许哥伦布在美洲发现烟草的时候，他从没想到这种不起眼的烟草能让欧洲人为之疯狂，甚至导致皇室贵族争相成为拥趸。

其实一开始，大家对香烟的看法是矛盾的。正如我们现在一边说着吸烟有害健康号召戒烟，一边上亿的人为之贡献收入。那时候的欧洲，教徒们认为香烟是堕落的恶魔，但香烟带来的快乐却让他们爱不释手。这样矛盾的心理导致欧洲各国极尽所能开发烟草的其他功效，让其合理化。意大利人把烟草交给了僧侣照管，日耳曼人用科学原理检查烟草，英国用烟草寻找快乐……但法国人却另辟蹊径，用它来治病保健，让烟草成为世界风尚。

而这一切，都要归功于前面我们提到的马屁精——尼古特。

1560年，富丽堂皇的法国王宫中，一位身材矮胖、相貌平平却衣着华丽的中年妇人正坐在装潢华丽的大厅里长吁短叹。

她不时地用手按着头部，脸上露出一副痛苦的表情。此人便是当时权倾朝野的法国王太后凯瑟琳。这位替年仅10岁的国王查理九世摄政的王太后，正在为内外交困的国事焦虑不已，经常感到头痛。

这时，有侍卫来报："太后陛下，驻葡萄牙大使尼古特已回国述职，正在殿外等候您的接见。"

太后勉强振作了一下精神，宣尼古特进殿。在尼古特说完例行公事后，太后默然挥了挥手，示意他该出去了。这时，尼古特突然开口说道："臣见太后为国事操劳，气色与之前相比差了许多，臣在葡萄牙偶得一物，可缓解疲劳、提神醒脑，或可解太后一时之忧。"

太后早已被疲倦、头疼折磨多时，一听有东西可缓解，顿时来了兴趣，同意尼古特拿来试试。

尼古特将烟草呈了上来，并教会了太后吸食烟草的方法。太后一口青烟吸入，顿时觉得芳香扑鼻，精神为之一振，困扰多时的焦虑似乎在顷刻间缓解了许多。精神焕发的太后大为高兴，随即赏赐了尼古特大量的金银珠宝。太后渐渐地离不开烟草，感到情绪波动或者无聊时就会吸烟，她还亲自下令在布列塔尼、加斯科尼和阿尔萨斯地区种植烟草。

随着王太后精神状态大好，烟草能治病的传言也就不胫而走了。

葡萄牙烟草由此大规模地传入了法国，并传到凯瑟琳太后的家乡、商业发达的意大利各个城市，进一步在欧洲其他国家流行开来。毫无疑问，葡萄牙王国在这一过程中获取了丰厚的利润。而尼古特呢，虽然在当时获赠金银并成为太后身边的红人，但他在后世却并没能留下什么好名声。

1828 年，德国化学家波塞尔特和莱曼从烟草中分离出来了一种对人体有害的物质，他把这种有害物质称为"尼古丁"。

再来看看西班牙，眼见葡萄牙获利，红了眼睛的西班牙更是不甘落后。他们先是在 1580 年趁葡萄牙发生内乱之际吞并了葡萄牙，之后又企图镇压尼德兰的起义，进而征服英国，独霸世界。

但是，西班牙人的梦想最终没能实现。由于陷入与新兴殖民强国法国、荷兰、英国的轮番大战中，并接连败北，西班牙的国力和海军力量大为削弱，最后无力保护烟草贸易和庞大的海外殖民地。

◆ 烟草生长样貌

既然你已经没有能力保护他们，其他国家开始蠢蠢欲动，扛起了烟草贸易新的大旗。其中，最积极的当属荷兰和英国这两个国家了。他们从西班牙偷师学会了烟草的种植和销售。他们把烟草贸易进一步扩大，并成功推广到了中东、印度还有中国等地。

利益是个很可怕的东西，尤其是在资本主义原始积累和殖民扩张时期。随着对烟草需求的不断增加，烟草的发现地美洲，灾难却再一次降临。

欧洲人开始在南美大陆和北美洲南部大肆占据领土，疯狂种植烟草。由于种植烟草需要大量的劳动力，而殖民地的土著人数量有限，造成劳动力缺乏，于是他们便开始向非洲伸出魔爪，进行黑奴贸易，强制黑人奴隶种植烟草。

16 到 17 世纪，正是西欧各个殖民强国资本主义萌芽和发展的关键阶段。无论是海外殖民地还是本国，都需要发掘尽可能多的、新的能够在贸易上带来丰厚利润的商品。用我们今天的话说，叫发现“爆款”。而烟草，无疑是其中表现最火爆的一款。

但是，与古代东方的丝绸、香料还有原产于非洲的咖啡所不同的是，烟草这种商品在其火爆之后，却催生出了在消费品领域难得一见的烟草专卖制度。在资本野蛮生长、自由竞争的殖民时代，这是极其少见的现象。

17 世纪早期，西班牙面临内忧外患的境况。海外殖民地接连丢失，在欧洲大陆上与其他几个强国的纷争中频频落败。统治西班牙的卡斯蒂利亚王室为了筹措资金，将主意打到了当时暴利的烟草行业上，想在此基础上获得更多的财政收入。当时的烟草作为自由贸易品，只征收消费税，但是这个远远不够，于是西班牙王室开创了所谓的烟草专卖制度，并且把专卖权授予指定的私营经销商。

西班牙的其他竞争对手很快也跟着学这种专卖办法，比如荷兰就在远东地区建立了首个烟草专卖组织，并且在商业竞争和军事威慑两方面齐头并进，与西班牙等国进行激烈的较量。

不可否认，烟草贸易直接促进了欧洲殖民扩张和商业贸易，但烟草对商业的作用正如它对人体的作用一样，在正反两方面提供强刺激。它如同兴奋剂，既能极大地促进贸易，又因其高额利润而引发国家之间的贸易纷争，这其中还夹杂着被殖民、被奴役人民的反抗。人们吸食烟草会振作精力、提高效率，但是从长期来看，也会极大损害身体的健康。但即使是这样，烟草行业依然愈加壮大并且一直存续到今天。

总有那么一些让人容易上瘾且对人体有害的东西，人类就是戒不掉。可能这就是做为人这个物种的缺憾之处吧！

（韩毅）

成也逐利，败也逐利：荷兰『郁金香泡沫』事件

许多国家都有自己的国花，比如英国的玫瑰、法国的鸢尾花、俄罗斯的向日葵、荷兰的郁金香等。中国也曾经讨论是不是把牡丹定为国花，寓意“雍容华贵”，但直到现在还没有定论。本章我们要讲的内容就和某种花有关，什么花呢？那就是荷兰国花郁金香。

提到荷兰，大多数人脑海里可能会出现这样的画面——蔚蓝的天空下飘荡着软绵绵的云朵，随风转动的五颜六色的风车，以及一望无际的郁金香花海，就是这样一个场景满足了我们对荷兰童话般的美好想象。

在荷兰，随处可见郁金香，人们视它为“国花”，寓意“富贵”“胜利”和“美好”，然而奇怪的是郁金香的原产地并不是荷兰，而且在历史的长河中，郁金香的出现给荷兰人民带来过一场可怕的灾难。

故事还得从郁金香传入荷兰开始说起。

郁金香原产于亚洲西部的小亚细亚半岛，15 世纪，该地被土耳其人建立的奥斯曼帝国完全占领，当地出产的郁金香也就随即被土耳其宫廷收

◆ 荷兰种植郁金香的庄园

到御花园中广泛种植。

一天，拜占庭帝国派出一名使节到奥斯曼帝国访问，洽谈两国之间的贸易合作事宜。使节被郁金香的美丽所吸引，谈判结束后带了很多郁金香的种子以及球茎回国。

回国后，使节将带回来的一部分种子、球茎还有几盆成花交给了他的挚友、当时担任维也纳皇家花园园长的植物学家克卢修斯，叮嘱他要努力把这些美丽的植物移植到欧洲，克卢修斯爽快地答应了。

然而，经过多番试验后，移植的效果却始终不太理想，使节和克卢修斯都感到很失望。直到 1592 年，使节带着遗憾离开了人世，终其一生也没能在他的故乡看到郁金香。

后来克卢修斯到荷兰莱顿大学任教，他决定去荷兰碰碰运气，也许换一个生长环境，郁金香就能开出花来了呢。果然，皇天不负有心人，就在好友离世的两年后，克卢修斯终于让郁金香开花了！

在饱含异国风情、产量较小等因素综合作用下，很快郁金香就在欧洲上流社会中圈粉无数，作为贵族富商，你要没一两株郁金香，都不好意思参加社交活动。

人们疯狂购买郁金香，郁金香的价格也随之水涨船高。

据说，当时法国有一名女贵族的全部嫁妆，就是一株品种名贵的郁金香球茎。就算是一株比较普通的郁金香球茎，大概也能换来一座磨坊。

本来郁金香的价格问题只是少数商人、种植者和上流社会买家之间的事情，但恰巧郁金香“受宠”的年代正好赶上了荷兰海运贸易兴盛、金融业异常繁荣的时期。说白了，就是钱突然太多、来得太容易了，总得炒点什么，那时候荷兰地广人稀，不炒房，就炒郁金香吧。

掺杂着投机者的不断宣传鼓动和疯狂囤积，郁金香在短短数年之间便涨到了天价。以郁金香中最名贵的品种——“永远的奥古斯都”为例，每株这种郁金香从 1623 年的 1000 荷兰盾涨到了 1637 年的 6700 荷兰盾，仅仅 14 年的时间就暴涨到了原价的近七倍！

据说在当时荷兰的首都阿姆斯特丹，一个人手里只要有点闲钱，都会全部都投到郁金香上。反正买涨不买跌嘛！只要郁金香的价格一直在暴涨，他们就一直往里投钱，肯定会有源源不断的人以更高的价格买进它。尽管当时谁也不知道，这些让他们不惜砸锅卖铁来购买的郁金香，除了能“涨”之外，还有什么用。

疯狂投资郁金香的人们都无比坚定地相信，郁金香肯定会有无限广阔的销售市场，再借着商人们的炒作宣传，仿佛真的可以轻而易举地将郁金香推销到非洲、美洲、中国乃至世界各地。就这样，这个被幻想出来的美好市场，如同泡泡一般，被人们越吹越大。

与此相应，一旦有一天这种信心破灭了，那么这个泡沫也会彻底地破碎。

捅破“郁金香泡沫”的据说是一名来自英国的水手，他从未见到过郁金香。有一天，他被船长指派到一个仓库去搬货物。进入仓库后发现无人看管的柜台前放着一个像洋葱一样的东西，向来贪嘴的水手在搬完货物之后，便随手将这个“洋葱”拿去吃了。

随后赶来的仓库老板看到眼前的这一幕，气得差点晕了过去，他大声呵斥道：

“你这小贼！竟敢啃坏我花大价钱买来的郁金香球茎！只怕是今天把你剁了都赔不起！”

看到老板如此大发雷霆，水手很是不解：

“对不起，老板，我是不该偷拿你的东西，但我也就只拿了一个洋葱，用不着发这么大的脾气吧……况且，况且这个洋葱好像还坏掉了呢，味道好像有些不太对呢……”

“什么洋葱！哪儿来的洋葱！”

暴怒的老板把水手扭送去了法庭。

负责审理的法官也投资了郁金香，他看到这个案子后感到心中一凉，心里想道：

“我们已经下了这么大的力气宣传和炒作，可离我们这么近的英国，居然都不认可我们种植的郁金香的价值，那我还搞这些饥不可食寒不可衣的郁金香有什么意义？不能再等了，我必须马上出手这些郁金香，再留着就要吃大亏了！”

想明白这个道理后，法官便趁着庭审之前，悄悄地跑了很多不同的酒馆和交易所，把能卖的郁金香全都低价抛售了。

但是，世界上没有不透风的墙，船长为水手请的辩护律师还是发现了法官的“秘密行动”。

庭审当天，律师便辩护道：“法官大人，我的当事人认为自己拿的只是颗洋葱，他并没有损坏昂贵物品的主观故意，不应该赔偿原告要求的4000荷兰盾，何况那些郁金香的真实价值，也根本达不到4000荷兰盾，我倒认为，它甚至还不如一颗洋葱的价格！法官大人，这点您应该也明白吧，否则，您为何在昨天去了那么多不同的地方，将您自己的郁金香都低价出售了呢？！”

听完律师的辩解，旁听席上首先沉默了一秒，好像突然明白了些什么，然后离门最近的那个旁听者趁法警愣住的那一刻，不顾法庭秩序飞快地跑了出去，紧跟其后的是法警，他们的目的地都只有一个，那就是离法庭最近的交易所！

接着就是一群人拼命地往外跑，被人群堵住的人便用力地向外挤，差点把法庭的门都挤掉了！

只有法官、律师和被告气定神闲地看着这让人大跌眼镜的一幕，甚至连原告也都跑了！

法庭的闹剧很快传遍了整个阿姆斯特丹，大家纷纷开始疯狂抛售郁金香。前一天还无比高贵的郁金香，第二天就卖出了洋葱价，第三天就卖出了白菜价。于是，郁金香的华丽泡沫就这么破灭了！

无数曾经把钱全都投在了郁金香上的人们一夜之间倾家荡产，郁金香的泡沫就像美丽的花火，短暂却又脆弱。然而泡沫的背后是人性的贪婪，

◆ 1950 年的广告“特别郁金香航行”

是投机的侥幸，是利欲熏心时的不理智。

从上面看来，郁金香泡沫事件是一个富有戏剧性的故事，它揭示了人性永恒的话题——贪婪。它被称为人类历史上有记载的最早的投机活动，首创了经济危机的一种新形态。人们在交易郁金香的时候，交易的其实不是郁金香，而是对郁金香会涨价的“预期”这种虚拟的东西。它被无数次用来警告我们要警惕资产泡沫，比如现代社会的房产泡沫、比特币投资等。对财富的狂热追求，理性的完全丧失，泡沫破灭之际亦是千百万人倾家荡产之时。

（韩毅）

泡沫的诞生与破灭：英国『南海骗局』事件

有人说，三个苹果改变了世界。

一个是亚当、夏娃在伊甸园中偷吃的“青苹果”，另一个是现代乔布斯带给世界的“电苹果”，还有一个就是曾经砸中大科学家牛顿脑袋的“熟苹果”。

“熟苹果”为世界上砸出了牛顿三大定律，还为他砸来了数不清的荣誉和财富。

一个阳光明媚的夏日午后，坐拥着一切名与利的牛顿在庄园中放飞自我。牛顿想：“我既然能够准确计算出宇宙星辰的运行轨迹，那也一定可以推算出让世人都捉摸不透的股价规律。”

尽管这是牛顿并不熟悉的领域，但是大科学家与生俱来的骄傲感给了他挑战未知领域的自信。随后，牛顿大手一挥两万英镑，开始了他的金融探索之旅。

当年的两万英镑相当于多少钱呢？当时作为海上霸主的英国，建造一艘最先进的军舰才花 2.3 万英镑。

◆ 拿着苹果思索的牛顿

这么看来，牛顿为了要在一个全新的领域中再次证明自己的运算天赋，可真是下血本了！当然了，这么多钱也不是随便找一家公司就投出去的。经过周密的推演和调查之后，牛顿信心满满地买进了南海公司的股票。

这家被牛顿十分看好的公司成立于 1711 年。当时，英国正被巨额债务压得喘不过气来，国王每天为此愁眉不展。

就在这个时候，一份题为“南海计划”的议案忽然飘到了白金汉宫。这是一份用股权兑换国债的方案。根据这个方案，南海公司将用自己的股票置换价值 3160 万英镑的国债，并承诺将国债利率从 7% 降到 4%，再额外支付给英国政府 760 万英镑，这个方案的提案人正是南海公司本身。

此时英国政府正在为支付高额国债利息发愁，财政吃紧，经济一片萧条，所以南海方案立刻得到财政大臣约翰·艾思拉比的支持。另外，为了和当时同样有此财力的英格兰银行竞争，南海公司重金贿赂了国会中的众多议员和皇室官员，最终议会高票通过，南海公司成功揽下了英国政府的所有债务。当然，作为回报，南海公司得到了梦寐以求的南海贸易垄断权。

那时人们所说的“南海”，并不是中国南海，而是今天的秘鲁和墨西哥湾一带，一个当时几乎人人都相信遍地是黄金的神秘地区。

没办法，谁让当年的欧洲人都对黄金的执念那么深呢？《马可·波罗游纪》中说中国遍地是黄金，他们马上想要造船来东方。既然南海公司垄断了遍地都是黄金的南海贸易，那么它的盈利情况自然是毋庸置疑的。这看似成了一个“一石三鸟”的完美方案——英国政府就此摆脱了债务危机，南海公司可以筹集到更多资金去开发金矿，而原来的国债持有人摇身一变成为前途无量的南海公司的小股东，可以源源不断地分享到公司带给他们的利润。

不禁让人赞叹：“高，实在是高！”

“可是？就怕你们说可是了，可是后面都没好事。”

可是，这些后来不惜倾家荡产也要认购南海公司股票的股民们，正在一步一步地走进南海公司处心积虑设下的大骗局中。

这个骗局之所以能够立得住，和当时的社会背景密不可分。

18 世纪初的英国，正处于剧烈变动期。政治上，刚刚经过光荣革命确立了君主立宪制，逐渐向完全意义上的资本主义社会发展。这既是新兴的经济形态蓬勃发展的时期，也是鱼龙混杂、资本催生的各种糟粕横行的时期，南海公司就是其中的代表。

其实，英国政府授予南海公司的贸易特权不过是一张空头支票。欧洲与南海地区之间的贸易往来通道，早已被大航海时代的先锋西班牙垄断。

尽管英国之前曾多次就此事与西班牙谈判，但谈下来的结果并没有让英国人满意。西班牙政府只同意英国每年来此地区开展一次贩卖黑奴的贸易，并抽走英国人四分之一的贸易利润。至于剩下四分之三的利润，得再给西班牙人交 5% 的贸易税。被西班牙人这么反复“抽成”后，想都不用想，南海公司的真实获利也就所剩无几了。

当然，这些信息都是被严格保密的。人们看到的是南海公司不断派出商船去挖金矿的“事实”，至于这些船只最终驶向了哪里，好像大家就并不太在意了。为了欺骗公众继续购买新股票，南海公司更是谎话连篇，不仅说西班牙人已经答应放弃南海地区四个港口的征税权，还造谣说等到公司将南海地区的金矿全部开采出来时，英国的黄金就会像废铁一样常见。被这些虚幻财富冲昏了头脑的英国人，也根本不关心这家公司的实际运营

◆ 1720 年，在伦敦胡同里，因“南海骗局”引发的狂热

效果到底如何，只是知道“它很能赚钱”。

一时间，人们开始疯狂买进南海公司的股票，这里面就包括大科学家牛顿。

不过，和一般的平民百姓盲目跟风不同，大科学家做事还是讲科学的。

首先，凭借着自己过人的数学天赋，牛顿准确地计算出了南海公司股票涨落的数学模型。随后，见证奇迹的时刻就这么发生了——在牛顿将自己那价值一艘军舰的 2 万英镑投入股市的一个月后，股价完全按照他算出的规律翻了一倍！

这短短的一个月内，牛顿挣回的可是过去 20 年积蓄的总和！然而，牛顿没有被眼前的利益冲昏头脑。按照先前推算出的数学模型，股价很快就要下跌了。出于对自己运算能力的绝对自信，牛顿果断抛售了手中的这些股票。可是，让他意想不到的事情发生了。股价不但没有下跌，反而由于公众的不断买进，在数月之内又翻了好几倍！换句话说，大科学家精心算出的数学模型，竟然失灵了！

比起少挣的那几万英镑，让牛顿更加气不过的是自己的天才般运算竟然出了错。平心静气后，牛顿采用了更加精密的计算方式，重新修正了之前得出的数学模型。在承认自己确实不该那么早抛售股票之后，这一次，牛顿连本带利地把自己那约莫两艘军舰的钱全都投到了南海公司的股票当中。果然，又过了几个月后，按照牛顿更新后的数学模型，股价直接暴涨了八倍！

牛顿高兴地拿起斧头砍断了之前砸到自己脑袋的那棵苹果树，什么万有引力定律，什么天体运行规律，远没有研究股票让他来得痛快！

“你开玩笑呢吧，那棵树不是据说还在吗，现在还是旅游景点，国家 5A 级景区。”

就在南海公司的股票不断传来利好消息的同时，许多效仿南海公司的股份制公司，也如雨后春笋一般纷纷涌现了出来。据统计，当时仅在英国境内注册的股份制公司一时间就超过了200家。在那一段时间里，几乎每天早上醒来，就有一些稀奇古怪的奇葩公司出现，什么“从黄瓜中提取阳光的公司”“专营人类头发买卖的公司”“确保女性保持贞洁的公司”等。

◆ 讽刺“南海骗局”事件的漫画——拿着空钱袋的男人

当然了，人们其实也真的不在意这些公司到底要怎样开展业务，只是疯了一般地抢购它们发行的股票，因为生怕一个不小心，就错过了下一个能带给他们好几万英镑的南海公司。

作为这一大批皮包公司的“开山鼻祖”，看到半路突然杀出了这么多程咬金来抢自己的生意，做大哥的当然咽不下这口气。这不，在南海公司的操纵下，英国议会很快就通过了著名的《泡沫法案》。

该法令规定，今后要想成立任何一家股份制公司，都必须先经过议会的批准同意。为了进一步稳固自己的财富来源，南海公司后来买通了法院的大法官，迫使法院在一个月内强行解散了86家之前成立的“非法公司”。本来想要借此契机好好打击一番这些竟敢在太岁头上动土的小公司，可是令南海公司万万没想到的是，它的这一系列举措，竟然搬起石头砸了自己的脚。

◆ 英国“南海骗局”事件的宣传报道

由于被迫解散，这些小公司破产的破产，倒闭的倒闭，人们猛然间发现，之前那些曾被描述得天花乱坠的致富承诺，仿佛随着这些皮包公司的消亡，一并化为了乌有。他们开始把怀疑的目光投向了之前让自己信心满满的南海公司。这一次，为了彻底寻求一个“真相”，有股东不远万里来到了大洋彼岸的南海地区。

眼前冰冷的海水和那些还未曾开发的黑土地，瞬间让这些还抱有一丝侥幸心理的人们彻底醒来。这里没有商船，没有贸易，没有金矿，假的！全都是假的！

回到英国后，就像当初挤破了头也要买到这些股票一样，人们又开始发疯一般地将它们抛售出去。一时间，南海股价以比当初上涨快得多的速度直线下跌，数以万计的股民一夜之间倾家荡产，血本无归。

当然了，也包括我们大科学家牛顿那价值两艘英国军舰的 4 万英镑。

“南海骗局”像一瓢冷水浇熄了英国股票市场的萌生之火，此后 100 年间英国再没有发行过一张股票。英国约克郡的股票投机家们，漂洋过海来到纽约，从这个意义上来说，是英国的“南海骗局”催生了美国的华尔街。

在这场泡沫经济的骗局中，除了南海公司，政府更是始作俑者。他们急于缓解国债压力，无视广大股民利益，助纣为虐。并且也存在证券市场监管缺位和失职的问题。

“南海骗局”是公司与政府联手织起来的黑网，强如牛顿也不得不喟叹：“我能够算准天体的运行，却无法预测人类的疯狂。”

（韩毅）

让法国“一贫如洗”的金融灾难：密西西比泡沫事件

18 世纪是一个追求财富的世纪，欧洲各国乘着新航路开辟和新大陆发现的东风，在世界各地拓展各自的殖民地和新市场，以各种方式攫取全世界的财富。我们今天故事的主角法国也不例外。

1719 年 1 月末，巴黎正笼罩在冬季暖阳之下。那时候巴黎的面积远没有现在的巴黎大。埃菲尔铁塔等地标性建筑在这个年代并不存在，繁华的香榭丽舍大道所在的位置也只是一片茂密的树林。与今天我们熟知的那座安静优雅的花园城市不同的是，此时巴黎是一座既热闹活跃，但也脏乱不堪的城市。

今天的巴黎圣母院矗立在塞纳河南边，是整座城市的制高点。从圣母院的塔尖望去，把时间拨回到过去，周围凹凸不平的石板路上，行人、马车混杂在一起；街边的小摊上，商贩声嘶力竭地叫卖着各种货物。

整座城市的建筑物新旧混杂，既有破旧不堪的瓦房，也有高大华丽的官厅和宫殿。

弗朗索瓦是一名年轻的泥瓦匠。他和大多数从农村来到巴黎的年轻人

◆ 古老的塞纳河

一样，也和现今的中国“北漂”“沪漂”一样，在刚刚来到大都市时都对崭新的生活充满憧憬，但是，现实也给他们带来沉重的负担。

一位外乡人在大城市白手起家，维持生计的成本并不低，更重要的是，像巴黎这样的城市并不缺少泥瓦匠，想找到一份合适的工作并不容易，只能帮别人打零工。

这一天，他刚刚从包工头的手中领取了上个月的5000里弗尔的薪水，正无所事事地漫步在街头，打算找一家小酒馆喝上一杯。在一个十字路口过街时，他突然注意到对面有很多人正围成一圈看着什么表演，于是，他也跟着凑了上去。

在人群中央，是一位正在表演杂耍的小丑。

在当时的巴黎，街头卖艺十分常见。只见这位小丑画着夸张的脸谱，身穿印着华丽印章的戏服，骑在一辆独轮车上卖力地表演着各种杂技。小丑精湛的表演吸引了路人的注意力，驻足观看的路人逐渐多了起来，不时响起掌声与喝彩。

弗朗索瓦注意到，在小丑旁边支着一张桌子和一块广告牌，一位头戴假发、衣着体面的绅士正在大声招揽着什么。他从人群中挤过去想看看是不是有什么新的演出，直到跟前才发现，原来这位绅士正在向观众们叫卖着什么东西。这时，他才注意到，广告板上画着和那位小丑衣服上的印章一模一样的图案。

绅士叫卖道："先生们，女士们，瞧一瞧，看一看！密西西比公司公开发行股票了！诸位，密西西比公司可是皇室许可的，唯一具有开发北美殖民地特权的贸易公司！一股价格 500 里弗尔，年终有分红！有国王陛下和他的政府做担保，大家千万不要错过这次赚大钱的机会！"

原来，这位绅士正在兜售一种叫作股票的东西。虽然弗朗索瓦并不知道股票是什么，但是从周围路人的交谈中他仍然大概了解到，这种叫作股票的东西不仅能够兑换一定金额的现金，还能够在年终得到一笔分红，比把钱存在自己家里要合适不少。想到这里，弗朗索瓦摸了摸自己身上带着的 5000 里弗尔薪水，购买了 10 股股票。

来到酒馆，弗朗索瓦照例点了一大杯朗姆酒。酒桌上都是他的工友，大家照例聊起了上个月的薪水。当弗朗索瓦拿出购买 10 股股票的合同时，大家都惊呆了。他们没想到，弗朗索瓦竟然用真金白银购买这么区区一张白纸。

一位工友说："弗朗索瓦，你这张纸能当钱花吗？你要把这张白纸寄给你乡下的婆娘吗？"

另一位工友说："真想不到你这家伙竟然花这么多钱买了一张纸，要是兑现不了的话可有你受的。"

大家你一嘴我一嘴地嘲笑起来。弗朗索瓦是个不善言辞的人，虽然又急又气，但是一时又不知道该如何反驳，喝完了杯子里的酒闷声回到了家里。

过了一段时间，弗朗索瓦拿着这份合同来到了这家密西西比公司在巴黎的总部，他要求对方赶紧把这份写满文字的白纸换回自己的工资。弗朗索瓦做梦也没想到的是，送到他手中的，竟然是厚厚的一大捆纸币。出纳员对他说道：

“先生，真是恭喜您，您买的股票已经上涨到快 12 万里弗尔了，这是您的股本加股息，请您签收一下。”

弗朗索瓦感到一阵目眩。要知道，这么多的钱他这辈子也没有见过。定了定神后，弗朗索瓦赶紧收拾东西回到了乡下，用这笔钱买下了一大片农田和一座庄园，舒服地过起了日子。

这个故事只是当时密西西比公司股价暴涨的一个缩影。事实上，从 1719 年初开始，密西西比公司的股票持续了 13 个月的“牛市”。500 里弗尔一股的股票在不到半年的时间里价值就上涨了 40 倍，最高时甚至达到了初始股价的 60 倍，整个巴黎都陷入股市投机的狂热之中。

整个法国，乃至整个欧洲的投资者和股票交易者都折服在密西西比公司的脚下，无数现金犹如洪水一般流入了法国。

那么，密西西比公司的股票奇迹是因何产生，又是如何收尾的呢？

我们要从 18 世纪初期讲起。在 18 世纪初，由于法国国王路易十四连年发动战争，使得法国国民经济陷于极度困难之中，经济萧条，通货紧缩。当时法国的税制极不健全，不仅对法国王室贵族豁免税收，而且其他地方的漏洞也很多。尽管法国政府不断提高税率，横征暴敛，依然入不敷出，国库空虚，债台高筑，国债高达 30 亿里弗尔，老百姓怨声载道，国家危机重重。加上连年的水旱灾害引起的农业歉收和数场战争带来的额外

◆ 法国国王路易十四画像

开销，整个国家的税收系统已经濒临崩溃，政府各个部门已经陷入了瘫痪。

为了缓解这一危机，摄政王奥尔良亲王决定起用苏格兰籍银行家、被称为货币理论一代怪才的约翰·劳进行改革。1718 年，约翰·劳从法国政府那里获得了建立密西西比公司的特权。这家贸易公司主营北美的皮毛贸易，垄断了路易斯安那与加拿大的海狸皮市场和当地的金矿，因此获利丰厚，事实上垄断了法国在北美地区的贸易。

为了开辟路易斯安那的金矿，密西西比公司需要筹措 1 亿里弗尔资金，约翰·劳在接受了同样数目的国债作为股票保证金以后，以每股 500 里弗尔的价格对社会发行 20 万股。实际上，发行股票的主要目的并非为企业吸收资金，而是帮助政府回收债券和弥补亏空。

起初，广大投资者和市民对于密西西比公司并不了解，购买股票的人寥寥无几，股票的发行陷入了困难。为了促进股票的销售，约翰·劳采取了以下方法。

首先，约翰·劳向法国政府许诺，用发行股票获得的收益弥补政府财政的亏空，并承诺在出售股票时接受国债支付，以此获得政府的支持。

其次，约翰·劳别出心裁地雇用了一批小丑为股票的发售进行宣传，类似于现在的地推团队。在欧洲的各大城市，一时之间纷纷出现了约翰·劳雇用的小丑和销售团队。这些小丑身着印有密西西比公司广告的华服，用夸张的演技吸引了许多人的眼球，有力地促进了股票的发售。

◆ 约翰·劳肖像

在约翰·劳的策划下，整个欧洲大陆掀起了一股狂热的投机风潮。所有的人都涌向股票交易所和代理商，争相购买密西西比公司的股票。

人们对财富的渴望在这里表现得淋漓尽致。约翰·劳更是名利双收。1720 年，他成为法国财政部的总管，并被授予阿尔萨斯公爵的爵位，密西西比公司股价的飙升也让他的个人财富净增了一亿里弗尔。法国政府也借由密西西比公司发行股票的收入获得了大量收益，基本抹平了亏空。

但是，股票投机的热潮必然会产生货币需求的增加，政府此时借机发行更多的货币，公司为了满足市场的需求和帮助国家弥补亏空，便又加紧发行更多的股票，长此以往，这种不良的循环使得股票和货币的发行量越来越多。

1720 年 5 月，密西西比公司的股票热终于到达了终点。许多人开始担忧过高的股价是否会在未来下跌，在之前获得收益的人们也纷纷急于把股票换成现金，再把纸币兑换成硬通货或者不动产。于是，市面上开始有人大量抛售密西西比公司的股票。最后，股票抛售的狂潮迅速演变成挤兑纸币的狂潮，大家都像惊弓之鸟一般，急于将手中的股票换成现金，再把现金中的纸币兑换成黄金。

8 月的一天，为了兑换黄金，法兰西国家银行门口竟然有 15 人因为拥挤造成的踩踏而丧命。

法国政府最终不得不下令停止纸币的兑换，许多银行家和包税人纷纷破产，法兰西股票市场的价格也因为货币兑换停止，资金链断裂而导致公司股价下跌了 99%，这是有史以来最迅速的一次股票暴跌。

最终，法国的财政状况再次极度恶化，国内社会矛盾进一步激化，大革命的阴影开始隐约出现在地平线上。

法国的“密西西比泡沫”，与前面讲到的荷兰“郁金香泡沫”和英国的“南海骗局”被称为欧洲早期的三大经济泡沫。正因为它们，“泡沫经济”一词应运而生。

人们经常会拿“密西西比泡沫”和“郁金香泡沫”对比，这两个泡沫的相同之处是：法国股票市场的价格和当年郁金香价格一样在很短的时期内大起大落。从 1719 年 5 月开始，法国股票价格连续上升了 13 个月，股票价格从 500 里弗尔涨到一万多里弗尔，涨幅超过了 20 倍。法国股市从 1720 年 5 月开始崩溃，连续下跌 13 个月，跌幅巨大。

密西西比股市泡沫和郁金香泡沫的不同之处在于：荷兰郁金香泡沫基本上是民间的投机炒作，但是法国密西西比股市泡沫却有着明显的官方背景。郁金香泡沫所炒作的只不过是一种商品，牵涉到的人数有限，而法国密西西比股市泡沫却发生在股票和债券市场，把法国广大的中下阶层老百姓都卷了进去。从这一点来说，法国密西西比股市泡沫更具有现代特色。

而密西西比泡沫事件的始作俑者约翰·劳结局怎么样呢？不可否认他是一个经济天才，但也是一个疯狂的金融实践者，正如他的墓志铭写的那样：“这里长眠着那个著名的苏格兰人，他的计算技巧无人匹敌，他用简单的代数规则，把法国变得一贫如洗。”

（韩毅）

爱尔兰历史的分水岭：马铃薯歉收带来的饥荒

欧洲有一句名言："如果有幸成为爱尔兰人，则任何烦恼都无须牵挂。"的确，爱尔兰由于拥有高速发展的高科技产业而被人们称为"欧洲小虎"，又因为其优越的自然环境而获得了欧洲"绿宝石"的美誉。

作为爱尔兰人是幸运的，也是不幸的，这一切还要从爱尔兰苦难的历史说起。这一不幸在 1845—1850 年爆发的爱尔兰大饥荒中到达顶点。它直接导致近百万人饿死，爱尔兰人口锐减四分之一，爱尔兰大饥荒也成为爱尔兰历史的分水岭。

故事还要从马铃薯（又称土豆）说起。马铃薯原产于南美洲的安第斯山区，人类种植这种作物的历史最早可以追溯到距今 9000 年以前。

在哥伦布发现新大陆后，马铃薯这种植物被引入欧洲。一开始马铃薯是作为观赏用的花卉而被种植的。它成熟后结出的一团团或是洁白、或是淡紫、或是粉红的五星形花朵，深受各国王室和贵族的喜爱，一时间马铃薯花成了最为时尚的装饰品。

我们今天日常食用的是马铃薯的块茎。引进初期，马铃薯不但不为人重视、被称为“可以吃的石头”，甚至其块茎也被法国人视作“魔鬼的苹果”，谣传它可能会引起梅毒、麻风病等。只有在治疗船员坏血病的时候，马铃薯才被作为“良药”发挥功用。

18 世纪的欧洲，大国之间战争频繁发生。一次战争之中，一位名叫巴蒙泰尔的法国军医被德军俘虏。

法国俘虏们被德军关押在战俘营之中，每天只能吃德意志农民用来喂养牲畜的马铃薯。巴蒙泰尔发现马铃薯味道还不错啊，这么多俘虏天天吃，也没见谁中毒或者猝死。

当他回到祖国时，法国全境正在因农业歉收而陷入饥荒。为了度过这场灾难，很多法国人都在寻求既易于种植、产量又大的作物。于是，巴蒙泰尔于 1785 年在巴黎郊区种植了一大片马铃薯。

为了引起大家对于这种恶名在外作物的兴趣，他施展了一出欲擒故纵的把戏。首先，巴蒙泰尔请求国王路易十六派遣重兵保卫马铃薯田，不让众人靠近，而在晚上又悄悄让士兵们撤离。

这样日复一日，马铃薯就引起了很多周围平民的好奇心。于是在一天夜里，当士兵们再一次撤退时，就有一些胆大的人偷偷跑进田里拔下一些马铃薯苗并种在自己的田里。

就这样，马铃薯在法国普及开来，成为一种重要的食品，马铃薯的外号也从“魔鬼的苹果”变成了“地下苹果”。逐渐地，马铃薯的种植从法国进一步扩散到了整个欧洲。

在爱尔兰，马铃薯成为最重要的一种作物。这一时期，爱尔兰处于英国统治之下，爱尔兰农民长期受到英国殖民者的压迫，生活状况处于欧洲

◆ 爱尔兰的灯塔

◆ 爱尔兰农民收获马铃薯

最底层，但是，马铃薯的出现大大改变了爱尔兰人的生活水平。在同样的田地里，一英亩农田仅仅能够种出一吨燕麦，却可以长出六吨马铃薯。

同时，由于英国的殖民统治，爱尔兰成为英国人的“牧场岛”。为满足英国国内的牛肉需求，大片土地被划为牧场受英国地主控制，爱尔兰人只有小片土地谋生。所以，在这一小片既要养活人又要养活牲畜的土地上选择可以种植的作物，高产的马铃薯是不二选择。

此外，马铃薯易于种植，只需要将茎块埋入土里就可以很快生根发芽。这对于处在英国殖民压迫下土地资源奇缺的爱尔兰人民来说，无疑是个天赐的礼物。正因为马铃薯的高产，爱尔兰人口规模出现爆炸性增长，在 1760 年时全国人口仅为 150 万人，而到了 1841 年就迅速攀升到 810 万人。到了 1845 年，马铃薯成为绝大多数爱尔兰人的口粮与家畜饲料。但是，这也恰恰为日后的灾难埋下了隐患。

天有不测风云。1845 年，爱尔兰的马铃薯发生了歉收。尽管自从爱尔兰开始种植马铃薯以来，歉收的情况并不罕见，但是这一次却似乎与以往不同。

当年夏天，爱尔兰细雨连绵，不知不觉中，一种真菌悄然在马铃薯田中蔓延。这种真菌使得马铃薯发霉变质，从爱尔兰相对富饶的东部开始，几周内就席卷了整个国家。当时，有人目睹了农田惨状，这样记载：

“在从科克郡到都柏林的路上，我曾看到这种作物花期正旺，应该会有一个好收成。但 8 月 3 日，在我返回的途中，却只看到腐烂的作物覆盖了广阔的田野。在很多地方，穷苦的人们沮丧地坐在他们被毁坏的菜园栅栏边，绞着双手，悲痛万分，因为灾害刚刚夺走了他们的食粮。”

1845 年的这场灾难毁灭了爱尔兰将近一半的马铃薯田。但是英国舆论界却将之归咎为爱尔兰不信仰英国国教而信仰天主教带来的报应，是上帝对爱尔兰“奢侈”和“无忧无虑”生活的警告。

无奈之下，爱尔兰人不得不强打起精神，重新种植马铃薯。

但是让他们意想不到的是，泥土中的霉菌仍然在肆意滋生。在没有农药的年代，下一年早已注定会发生更大的灾难。

1846 年的马铃薯歉收大大超过前一年。整村的人死于饥荒，“翡翠之岛”瞬间饿殍遍野，如同人间炼狱。在当时的爱尔兰村庄里已经很少见到有 10 人以上参加的葬礼了。这一次大饥荒持续到 1850 年。当时的一名地方官员如此描述道：

“我走进了一间农家小屋，其场景令我瞠目结舌。6 个因饥饿而骨瘦如柴、形同鬼魅的人躺在小屋角落的一堆脏稻草上。我以为他们已经死了，但当我靠近他们时，耳畔却传来了一声声低吟。这些‘人’还活着……”

此次饥荒，英国政府有着不可推卸的责任。早在马铃薯发生歉收的第

◆ 爱尔兰马铃薯饥荒

一年，英国政府就知晓了爱尔兰发生饥荒的消息，但却没有采取任何行动。很多从北美向英国本土运输粮食和食物的商船都把爱尔兰作为中转站，但英国人并没有把粮食调拨给陷入饥荒中的爱尔兰平民，而是让这些船只在都柏林或者贝尔法斯特休整后直接驶往英国本岛。

爱尔兰人连一粒大米、一捧麦穗都没有得到。

令人吃惊的是，对于外国对爱尔兰饥民的援助，英国甚至冷酷地加以拒绝。

当时的土耳其苏丹就向爱尔兰灾民捐赠了10000英镑，但是英国女王维多利亚却强硬地阻止了苏丹的这一举动，她要求苏丹捐款1000英镑即可，因为女王本人也仅仅捐赠了2000英镑。随后苏丹派出三艘装满谷物、种子、食物等物资的大船援助爱尔兰。

但维多利亚女王阻止这三艘船停靠。无奈的土耳其人迫不得已改变方向，将三艘船停靠在了其他港口。

在饥荒最严重的几年时间里，爱尔兰仍然不得不向英国本土输出大量粮食。在整个大饥荒期间，爱尔兰的普通民众忍饥挨饿，而在各个港口，家畜、小牛、咸猪肉和火腿却成批地运往英国。为了防止爱尔兰人夺回粮食，英国人甚至在港口和船只上布置了武装押运队，爱尔兰人只好眼睁睁地看着食物被运走。

整个饥荒期间爱尔兰都维持了粮食净出口的状况。这种趁火打劫、釜底抽薪而不顾爱尔兰人民死活的做法，无疑使得整个局势更加恶化。

大饥荒也催生了一个奇怪的现象。由于产量锐减，马铃薯价格不断攀升，但是对于马铃薯的需求量也在随之提高，这无疑有悖常理。英国经济学家吉芬观察并记录了这种现象，后来这种现象也被称为“吉芬之谜”。原因是，爱尔兰的大饥荒使得大量家庭因此陷入赤贫，在这种情况下，变得更穷的人们为了生存下来，只能比以往更多地尽可能购买马铃薯。因为相比马铃薯而言，已经没有比它更便宜的食物了。

爱尔兰在这场饥荒之中到底损失了多少人，至今仍然没有一个确切的统计数字。不少人认为这场浩劫至少让整个国家丧失了四分之一的人口。这个数字除了约100万人因为各种原因死去以外，还包括不得不迁往海外的100万爱尔兰人。由于饥荒，大量爱尔兰人开始移民，他们奔向世界各地，最主要的去处是美国。爱尔兰人希望在这个“新世界”，得到上帝的眷顾。

大饥荒以前，爱尔兰是欧洲人口最为稠密的地区之一，因为饥荒人口锐减。即使在今天，爱尔兰全岛的人口也仅为这一历史最高水平的三分之二多。

◆ 爱尔兰马铃薯饥荒纪念碑

爱尔兰大饥荒是一国丧失主权、处于他国殖民统治下的悲惨结果。爱尔兰人不能掌握自己的民族命运，最终爆发大饥荒，百万人口死于饥饿和疾病，百万人口从此流浪海外，这些都深刻地冲击了爱尔兰的民族心理，同时也激发了爱尔兰人的民族意识。而这些，都与那株名为马铃薯的植物有关。

虽然后来“旧世界”的爱尔兰人获得了独立，在大洋彼岸的“新世界”，爱尔兰人也站稳了脚跟。但这段悲惨经历深深烙在他们的民族记忆里，也深刻影响了以后爱尔兰的历史，因此爱尔兰历史学家把本国的历史分为饥荒前和饥荒后两部分。

（韩毅）

文明的故事

亚非拉的觉醒与再造

THE STORY of CIVILIZATION

华侨建立的第一个亚洲共和国：兰芳开国

前面花了很多篇幅讲了从欧洲的资本原始积累到金融泡沫，我们似乎忽略了地球的另一端。它拥有着最多的人口、最辽阔的土地，它就是亚洲。

下面要讲的这个故事发生于1796年，这一年法国拿破仑意气风发，与约瑟芬结婚，并成为法兰西共和国意大利方面军总司令。

那一年正月初一，在遥远的中国北京城故宫的太和殿上，已经做了60年皇帝的乾隆，把皇位传给了儿子颙琰（嘉庆帝）。

此时的国人并不知道外面的世界已经天翻地覆，甚至绝大多数人一辈子连出去看看的想法都不曾有过。但总有那么几个人会走在时代的前沿，成为当时人们口中的“异类”。

就在北京大肆庆祝的时候，在距离北京4000公里之遥的南方，中国南海的彼岸，有一个中国人抵达了华人口中的婆罗洲，也就是今天的加里曼丹岛。

他的名字叫谢清高，只是一个出身草根的小人物，但他却很有可能是

◆ 霞光里的加里曼丹岛

截至当时，对于中国以外的世界了解最多的中国人。

18 世纪末之前，伴随着中国与海外的交流不断深入，已经有一些中国人去往海外工作、游历、生活。尤其是在广东、福建两地，明、清两代可能有数百万之多的百姓，先后登上海船，一路向南，来到东南亚谋生。

这场旷日持久、规模浩大的人口迁徙，被历史学家称作“下南洋”。

谢清高就是这波浪潮中的一朵小浪花，1782 年前后，还未满 18 岁的他，离开了故乡广东梅州，坐上了一艘外出务工的航船。

没想到的是，这艘船在海南岛的附近海域遭遇了海难。

所幸，一艘恰好途经此地的葡萄牙商船，救起了这个落水的青年人。因为这次获救，谢清高的一生彻底地改变了。

从此以后，谢清高以船工的身份搭乘葡萄牙等西洋各国的船只，走

◆ 加里曼丹岛比达友族的塑像

◆ 广东梅州松口古镇码头雕像描绘的下南洋场景

遍了大半个世界。从 1782 年出海，到 1797 年返回中国，15 年的时间里，他的足迹可能覆盖了 100 多个国家，遍布亚洲、非洲、欧洲和美洲。早在 1782 年，美国独立战争还未结束，谢清高就已经到访过北美。

1796 年，谢清高抵达了现在的加里曼丹岛。

当时，在这个庞大的岛屿上，坐落着十几个国家。除了当地的土著居民以外，这里竟然生活着许多来自中国的同胞，其中有不少来自广东。

他注意到，他在欧洲见过的荷兰人，已经占领了加里曼丹岛的多处海港。整个加里曼丹岛，实际上呈现出土著居民、华人、荷兰人三分天下的局面。他在加里曼丹岛四处游历，到了一座颇具规模的都城，名叫东万律，它是一个叫作兰芳大统制共和国的首都。

“兰芳，我们村有个姑娘就叫兰芳啊。”

◆ 反映近代加里曼丹岛人们生活的木制雕刻图像

果然，这竟然是一个华人建立的国家，而且这个华人是他的同乡、来自广东梅州的罗芳伯建立。

在兰芳，人们到处传颂着罗芳伯的故事，谢清高兴地将这些故事一一记在了脑海里。

罗芳伯生于乾隆年间，家境殷实，祖祖辈辈以耕读传家，天资聪颖却多次落榜。心灰意懒之下，罗芳伯决心出海碰碰运气。

1772 年，34 岁的罗芳伯从广东虎门出海，沿途经过海南、菲律宾，跨过赤道，抵达了加里曼丹岛。罗芳伯之所以来这儿，是因为听说了一则新闻。18 世纪，加里曼丹岛发现了黄金，在广东沿海的民间，该岛被神话成了一座等待开采的金山。

罗芳伯来到加里曼丹岛，短暂地度过了一段教书的日子，接着便也参与了淘金大军当中。

此时，当地华人的数量已经不少，华人聪明、勤劳，却对政治缺乏兴趣。华人凭着头脑和双手，过上了比较富裕的日子。可是各自为政的他们，却经常受到当地土著和荷兰人的欺压，时不时地还被土匪流氓收取保护费。

与普通读书人不同，罗芳伯是一条文武双全的好汉，在当地逐渐崭露头角，威望越来越高，慢慢地岛上坤甸国的华人已经自发地把他当成了领袖。罗芳伯成立了兰芳公司，“兰芳”的“芳”字，可能便来自他本人的名字。

表面上兰芳公司似乎只是一个正常的金矿开发公司，但是就像英国和荷兰的东印度公司都拥有强大的舰队一样，兰芳公司也建立了自己的武装力量，甚至可以称为军队。以商养军，以军护商，可能是那个丛林时代的法则吧。

为了组建军队，罗芳伯不仅派人回广东招募壮丁，还收编了南洋一代的天地会组织。

有了黑白两道的支持，罗芳伯率领兰芳公司一面在商业上开疆拓土，一面在弱肉强食的东南亚热带雨林里大杀四方，抢占了庞大的地盘。到后来大半个加里曼丹岛，都要听从罗芳伯的安排。连当地的土著酋长，也纷纷前来拜码头，寻求兰芳公司的保护。

1777年，罗芳伯改组兰芳公司，变公司为国家，按照华人的习惯，此时的罗芳伯完全可以称王了。

罗芳伯是一个天马行空的英雄，他有一个更加伟大和超前的想法，他要建立一套在东方前所未有的政治制度，他的兰芳，将是一个人人轮流治理、政权归全体民众所有的共和国！

他领导的这个国家，不叫兰芳王国，而叫兰芳共和国，共和国的权力属于他本人和所有国民。国家领袖叫“大唐总长”。

在兰芳共和国成立的前一年，也就是 1776 年，美国宣告建立。兰芳共和国或许就是现代世界的第二个共和国，当之无愧的亚洲第一共和国。当然，加里曼丹岛上的居民文化程度很低，他们理解不了共和是什么意思，因此继续把罗芳伯尊称为“坤甸王”。

但是兰芳共和国的全体国民都知道，国家领袖的权力不再是至高无上的，领袖的宝座也不再是家族世袭的。从一开始，罗芳伯就与他们约法三章，兰芳将把中国古代的禅让制与现代世界的民主选举制度结合起来，由国民来决定谁是领袖。

今天，他罗芳伯受众人爱戴，当上了领袖，也就是所谓的大唐总长。未来的某一天，“大唐总长”的位子，也可以属于任何一位由 110 万兰芳国民选举出来的新领袖。

在谢清高到达兰芳时，罗芳伯已去世。兰芳共和国按照建国时立下的法律，通过民主选举，产生了罗芳伯的继任者。在谢清高看来，兰芳共和国运转良好，是加里曼丹岛上的一处鱼米之乡、世外桃源。

1797 年，已经周游了大半个世界的谢清高落叶归根，返回了中国。他的晚年生活并不如意。他眼睛出了问题，变成了盲人。他靠着游历世界期间学会的多国语言，以给人做口头翻译为业，勉强糊口度日。

1820 年，谢清高幸运地遇到了一位梅州同乡，举人黄炳南。

就像 500 年前不识字的马可 · 波罗返回意大利以后，在监狱里口授，由狱友把自己的一生诉诸文字，写成《马可 · 波罗游纪》一样，黄炳南也用一支妙笔，帮助已失明的谢清高，将他的游历生涯写成了一部珍贵的游记，这就是流传至今的《海录》。

◆ 广州梅州大埔县李光耀家族古宅

林则徐被誉为近代“开眼看世界”的第一人，为了了解世界大势，他也曾专门查阅谢清高的《海录》，甚至将这部奇书推荐给了道光皇帝。

19 世纪下半叶，尤其是随着洋务运动和戊戌变法的兴起，《海录》一书逐渐引起了舆论的注意，书中描述的罗芳伯的事迹，也开始为国人所知。到了清末，为激发中国人的民族自信，梁启超写作了《中国殖民八大伟人传》，其中就收录了罗芳伯的故事。

可惜的是，令谢清高印象深刻的兰芳共和国，在屹立了 112 年后，1884 年倒在了荷兰殖民者的枪炮之下。加里曼丹岛上的华人，再一次失去了政治上的依靠，许多人流离失所，散落到了东南亚各地。

其中有一个刚刚从广东梅州迁来加里曼丹岛的华人家庭，向西逃到了马来西亚。他们的一位后人，在 20 世纪中叶成为东南亚政界的风云人物，他就是新加坡共和国的国父李光耀。

今天的新加坡，是个以华人为主的东南亚国家，也是世界上最发达、最富裕的国家之一。从这一层意义上来说，新加坡的历史，也是兰芳共和国历史的某种延续吧。

（杨盛翔）

培养一批学生，再造一个国家：吉田松阴与明治维新

在日本漫画《银魂》中，主人公坂田银时和反派高杉晋助等人，有一位共同的恩师吉田松阳。吉田松阳出场不多，却具备超群的号召力，还留下过一句感人的名言。

当时，面对众多来势汹汹的敌人，他斩断了对方的刀，坚定地说："如果你们敢把刀指向我的学生，那即使是颠覆这个国家，我也在所不惜！"

漫画中的吉田松阳性情温和，总是眯着眼笑，他开设了一处私塾，名叫松下村塾，在讲授学问之余，他还教学生做人，鼓励他们改变腐败的国家。其实《银魂》的情节并非完全虚构，它们大多改编自日本幕末时期的真实历史。

所谓幕末时期，是从 1853 年的黑船事件，到 1869 年戊辰战争结束的 16 年。这 16 年是日本历史上的传奇时代，长期执政但腐朽的德川幕府垮台了，沉睡的日本迎来了黎明一般的明治维新。维新志士以疾风怒涛的气

魄，带领霓虹国走上了崛起之路。

《银魂》中的松下村塾，是这个波澜壮阔的故事背后一个不太引人注意的起点。主持这所乡间私塾的，正是吉田松阳的历史原型吉田松阴。

◆ 反映佩里率领黑船到日本的邮票

话说19世纪，美国陆上疆域向西扩张到了北美大陆太平洋沿岸，美国的蒸汽铁甲战舰也横跨太平洋，驶入了东亚。1844年，美国强迫清朝签订不平等的《望厦条约》，开始染指中国事务。可是，穿越太平洋的航路过于漫长，美国人需要寻找沿途歇脚的补给站，而日本正是很好的中间站。

1853年，美国海军准将佩里带领4艘战舰，闯入东京湾，凭借坚船利炮，强迫德川幕府打开国门。需要说明的是，此前的200多年里，统治日本的不是身在京都、形同傀儡的天皇，而是远在江户（今东京）的德川家族。德川家族世代以征夷大将军的官职垄断朝政，大将军打卡上班的机构，则被称作幕府。

德川幕府像清政府一样，有社交恐惧症，它闭关锁国，断绝了日本与世界的来往，以此钳制人民的思想。但是封闭必然导致落后，面对仿佛来自未来的蒸汽铁甲战舰，德川幕府无计可施，只好于1854年3月31日，与佩里签订了日本历史上的第一个不平等条约——《神奈川条约》。由于佩里的战舰涂着黑色船漆，此事件也被称为黑船事件。

日本人的国民性孤傲又崇拜强者，对待黑船的心态很微妙，在他们眼里，掌握了铁甲战舰等黑科技的美国人，既是必须打败的敌人，也是值得钦佩的强者。

刚签署完《神奈川条约》不久，在下田海岸停靠的美国舰队捕获了两名登船偷渡的日本武士。经过审问，这两名偷渡客是一对师徒，其中的老师便是年仅 24 岁的吉田松阴，他的目的是要搭乘黑船出洋，去留学取经，振兴日本。

事实上，这已经不是他第一次做出这种疯狂的举动了。上一年，他就曾试图登上停靠在长崎的俄国战舰，可惜等师徒俩一路跋涉，赶到长崎时，俄国人早就开船离开了。

吉田松阴的计划让佩里大为感慨，他知道，在日本偷渡会被判处死刑，这两个日本人为寻找救国之路，甘冒生命危险，不能不让人敬佩。后来，佩里在报告中如此评价："这件事很有深意，它显示了两位有教养的日本人的强烈求知欲，他们为增长见识，敢于无视国法、赌上性命。从日本人的这种性格可以推断出，这个有趣的国家未来蕴含着怎样的可能性。"

话虽如此，美国既已和日本建立外交关系，就不能对偷渡睁一只眼闭一只眼。于是，美国人把师徒二人礼貌地送上了岸，吉田松阴的第二次偷渡再次失败了。

佩里虽然预见到日本的崛起，却不知道正是他送走的这位年轻教师，日后亲手改写了日本的历史。

吉田松阴生于日本长州藩的一个武士家庭，天资聪颖，11 岁就为藩主讲授中国典籍。他钻研儒学，崇拜明朝的大儒王阳明，尤其赞赏王阳明的知行合一学说。因此，他不仅研究抽象的学问，还像王阳明一样熟读兵法，关心政治、经济。他主张把知识贯彻到实践中去，发动一场推翻幕府、再造日本的革命。

偷渡失败后，吉田松阴只得向官府自首，被关进了牢狱。出狱后，他意识到教育才是改造日本的最好办法。从1855年到1859年，他去往乡下，接连做了松下村塾的教师和塾主，相当于一座农村民办学校的教师和校长。

学校不怎么起眼，可是吉田松阴的个人魅力超强，吸引来了长州藩的大批有志青年。在这儿，学生不以出身论高下，对待武士、商人、农民的孩子，吉田松阴全都一视同仁。师生之间平等自由，省却了繁文缛节，大家一起耕田做工，修建屋舍，切磋学问，同吃同住，同进同退，俨然再现了《论语》中孔子门人求学问道的动人场景。

吉田松阴用的教材，包括中国的《论语》《孟子》《孙子兵法》《史记》《资治通鉴》，但他的讲法不同于培养学生参加科举考试的私塾先生，他的根本目的，是要从经典中吸取经世济民的大智慧，造就适合当前改革需要的栋梁之材。

在小小的松下村塾，吉田松阴提出了尊王、攘夷、倒幕、维新的政治主张。尊王攘夷，就是要让天皇重新回到舞台，重建以天皇为中心的统一国家，挫败西方的入侵；倒幕，就是要推翻反动的幕府，扫除改革的障碍；维新，就是要变法图强，借鉴西洋的文明成果，造就和魂洋才。

不过，吉田松阴的教导也有阴暗的一面。他在反对西洋入侵的同时，却公开鼓吹日本扩张。他写道："收琉球，取朝鲜，拉满洲，临印度……收满洲逼俄国，并朝鲜窥清国，取南洲袭印度。"后来，日本奉行对外侵略的大陆政策，吞并琉球，征服朝鲜，侵略中国东北，对俄国、东南亚、印度步步紧逼，就几乎照搬了吉田松阴的构想。

吉田松阴并不满足于在私塾里高呼推翻幕府的口号，他开始蓄谋暗杀幕府高层，此时他的思想已经开始渐渐极端，各种狂言层出不穷。不过俗话说"秀才造反，三年不成"，疯狂的吉田松阴在联络各方势力推翻幕府时卷入了“安政大狱”事件，造反的大旗还没拉起就被幕府捉去砍了头。

那时候他才 29 岁，生命如彗星划过夜空，但他门下已走出多位高徒，其中有 7 位后来成为日本首相，对近代日本影响至巨，堪称教父。他虽逝去，但他的精神流传下来了。松阴的主张被弟子继承，并随着弟子们的平步青云，松阴的主张成为明治维新时期的国策。

例如，在政治方面，明治维新时期的日本，确立了专制色彩的君主立宪制，这一进程包括专制、立宪两个不无矛盾的阶段，而其间均能看到松阴弟子的身影。

◆ 日本传统武士画像

1859 年，松阴被幕府处死后，他的高足，有“松门双璧”之称的久坂玄瑞、高杉晋作，继承了老师尊王、倒幕的遗志，以长州藩为基地，掀起了暴力革命的高潮。作为《银魂》中的坂田银时、高杉晋助的原型，他俩抬出了天皇的大旗，策划了针对幕府的一系列刺杀、纵火等暴力事件，最后公开起兵造反。虽然两人在 1867 年倒幕运动胜利前夕牺牲，他们的血却染红了天皇通往权力之路的地毯。

高杉晋作牺牲的第二年，明治天皇宣布“王政复古”，从幕府手里夺回了权力，这也是明治维新的开始。

可是，天皇的专制并不是维新的最终目的。19 世纪七八十年代，日本爆发了自由民权运动。其间，松阴的另一位门生、李鸿章的一生之敌伊藤博文登场了。这位天才的政治家，在天皇、军界、民众之间纵横捭阖，他亲手组建内阁，起草《明治宪法》，担任了日本的第一位内阁首相。从此，日本建立了延续至今的议会和君主立宪制。这平衡了各方势力，为国家的崛起奠定了政治基础，伊藤博文也因而被誉为日本的“议会之父”和“宪法之父”。

◆ 伊藤博文

此外，在经济和社会方面，松阴关于攘夷、维新的主张，也得到了弟子的批判性继承。久坂玄瑞和高杉晋作牺牲后，松阴的另一高徒，“维新三杰”之一的木户孝允，成为明治政府的核心人物。早年的木户孝允与高杉晋作是铁哥们儿，没少干朝洋人扔炸弹之类的事，可是在与西洋打过交道后，当年的荷尔蒙少年明白了：盲目排外只会让日本沦为下一个清朝，要攘夷，只有先维新。只有强盛起来，才能不被欺负。

1868 年，木户孝允为天皇起草了《五条誓文》，宣布要学习西洋，实现文明开化、殖产兴业等目标，他也从排外的义和团式的人物，一跃变成了开国派的领袖。接着，从松阴门下又涌现出日本的外交之父井上馨和驻德公使品川弥二郎。两个人促进了日本的对外交往，他们回国后，又将注意力放在了发展实业和教育上。井上馨担任过主管财政的大藏大臣，还是三井财阀的最高顾问。品川弥二郎则对农林业和信贷业的发展居功至伟，晚年还曾效仿先师，积极兴办学校。

当然，在明治维新时期，松阴的侵略思想也开始借学生之手产生遗毒。松阴主张，为与西洋对抗，日本需要侵略邻国，以壮大自身力量。

松阴的弟子中，活了 84 岁的山县有朋是个阴沉、专横的狠角色。他是日本的陆军之父，开启了长州藩的军事家掌控陆军的时代。他一手打造了现代化的日本皇军，开创了军界干预政界的先例，直接策划了针对清王

◆ 日本武士道代表乃木希典

朝和沙俄的战争。而在甲午战争和日俄战争中，另一位松阴门人、有军神之称的乃木希典，则亲赴前线指挥，将山县有朋的战略兑现为战场上的胜利。这两个军国主义分子内外呼应，既帮助了日本崛起为军事强国，也使得日本沿着军国主义的道路一路狂奔，直到险些灭亡。

纵观吉田松阴的一生，也算是个传奇人物。他影响了几代日本人，可以说他改变了日本近代史。他为明治维新后的日本培养了第一批精英，让日本在很短的时间内走向富国强兵的道路。

但可惜的是，他跟商鞅一样犯了巨大的错误，思想激进敢与天下人为敌。从入侵台湾、黄海海战的战场出发，吉田松阴的徒子徒孙们沿着先人的“教诲”和理想，一步步走向亚洲和世界的战场。最后，他们的“大东亚”之梦在各被侵国的抗争中，以及美国人两颗原子弹中灰飞烟灭。他们的梦始于美国，也终于美国。吉田松阴只看到了开始，而没有预见到结局。

（杨盛翔）

岩仓具视使团的欧美之行：明治维新的序幕与蓝图

辽阔的大西洋上，一艘蒸汽船正在劈波斩浪地航行着。

就在 11 天前的 1872 年 8 月 6 日，这艘邮船从美国的波士顿满载货物与乘客出发，即将抵达英国的海港城市利物浦。

在船上大多的白人旅客中，一群黄种人的面孔显得格外突出。这些人身穿与西方人别无二致的西服礼帽，但面部表情却显得非常严肃。就连船上见多识广的水手们也不知道这些亚洲人的来头。那么，他们到底是谁呢？

我们的故事要从 1868 年说起。就在这一年，位于东方的岛国日本发生了两件不得了的大事：统治日本长达 200 多年的德川幕府被推翻了，改革派在明治天皇的支持下建立了新的政权，这在历史上被称为倒幕运动。新政权建立后，为了早日实现国家的富强，决定对原有的体制进行大刀阔斧的改革，史称明治维新。

为了向先进的西方国家学习，新政府在 1871 年决定向美、英、法、德等 14 个国家派遣一支使团。这是一支平均年龄只有 30 岁、规模上百

◆ 日本使团访问伦敦留影

人、几乎囊括了当时日本半数帝国政府要员的使团。他们从日本横滨出发，远航欧洲，与日本1000多年前派遣遣唐使远赴大唐帝国学习一样。这个使团肩负着两个出行目的：一是希望全面修改与欧美列强的不平等条约；另外一个，则是广泛考察，学习欧美诸国的制度与文明。

这支使团由右大臣，也就是右丞相兼外务卿岩仓具视带队，其团员包括后来被称为“明治维新三杰”的其中两人大久保利通、木户孝允，还包括后来成为日本内阁总理大臣的伊藤博文。当时日本政府的9位要员中，有5位在这个考察团。

我们今天故事的主角，就是这些来自东洋国日本的考察者。

使团预定访问的第一个国家是大洋彼岸的美国——这个曾经用炮舰强迫日本打开国门的国家。使团在1872年1月抵达旧金山。在这里，使团得到了美国人的热情款待。起初，美国人的热情让这些人颇有些宾至如归的感觉。但是，当使团提出修改之前与美国签订的不平等条约时，美国人却以各种理由加以拒绝。

明治政府的精英们这才明白，原来外交不是凭借友好关系和套近乎就能获得入场券的游乐园，而是一个以实力和利益作为博弈筹码的赛场。时间就这样过去了7个月，此时英方政府已经开始催促日本使团不能再继续拖延访问英国的时间了，岩仓一行人不得不带着遗憾匆匆开始了前往英国的旅程。

“右大臣阁下，我们马上就要入港了。”

一名面相憨厚、留着三七分头的年轻人对着领头的中年人说道。

“是啊伊藤君，我们这一次在英国又能见识到什么呢？”

这名被叫作伊藤君的年轻人就是当时年仅 32 岁的伊藤博文。这位日后一手策划了中日甲午战争的日本政治家，此时还不过是使团中最年轻、资历最浅的成员而已，但却因为之前曾经在欧美留学过一年，因此被大家视为外事通。那位被称为右大臣的自然就是团长岩仓具视了。

随着船只逐渐驶向港口，利物浦的景象也逐渐映入眼帘。这座城市是英格兰地区西北方的中心，早在 19 世纪初期就汇集了全世界 40% 的贸易，是全英国的第二大城市。工业革命后，更是成为英国的重要工业中心。

使团一行人抵达的这一天，利物浦如往常一样下着小雨，阴沉的天空垂得很低，仿佛马上就要压在城市上面一样。但即使是这样的天气，也依然不能掩盖这座城市的繁荣与忙碌。岩仓等人本以为在美国已经见识过西方先进国家的水平了，但是，利物浦的景象仍然让他们感到愕然。沿着港口鳞次栉比地停靠着成百上千艘船只，几乎每一艘都有他们乘坐的这艘货船这么大。

码头上各种货物应有尽有：英国的各种工业制成品，加拿大的小麦，美国的棉花，印度的茶叶，各种各样的货物都被井井有条地码放在一起，犹如一座座小山，随时准备运往英国内陆或装到船上运往国外。

从港口向远处望去，仓库、商店和各种建筑物犹如雄伟的城墙一般连绵不绝，远处的工厂区数百根烟囱高耸入云，向天空喷吐着浓浓的黑烟。这样看上去，仿佛不是云压得太低，而是烟囱建得实在太高了。日后，伊藤博文回忆当时的场景时不禁感叹道：

“目睹彼邦数百年来收获蓄积之文明成果，粲然夺目，始惊，次醉，终狂。”

这样的场景给了岩仓一行人无比强烈的震撼和刺激。

抵达英国后，一行人开始马不停蹄地参观各地的造船厂、钢铁厂、纺织厂、机械制造厂等各种工厂。

与尚处于工业化过程中的美国不同，19 世纪 70 年代的英国早已实现了工业化，是当时世界上最为发达的工业国家，这里的工厂和机械代表了当时世界上最为先进的科技水平。大久保利通在寄回国内的信中写道：

“到任何地方参观，均不见有农产品，只有煤和铁而已。原料皆由他国输入，然后再输往他国。工厂的盛况早有耳闻，此次考察方信名不虚传。到处黑烟漫天，大小工厂遍地，由此足知英国富强原因。”

英国与日本同样是资源贫乏的岛国，那么英国何以如此繁荣呢？带着这样的疑问，岩仓一行人向英国人请教。英国人回答：

“支撑我国成为世界工业、贸易和经济中心的不仅是强大的工业，还有同样发达的贸易。我国本土资源贫瘠，除了煤炭和铁矿石以外，其他资源几乎全部仰赖从外国和殖民地进口。正是通过低价进口原材料，在本国加工成品再出口到世界各地的方式成为世界工厂。”

◆ 岩仓具视画像

这样的介绍让日本使团意识到，除了建设强大的工业以外，商业和贸易的发展正是英国雄飞的物质基础。

英国的下一站是德国。在德国考察期间，著名的“铁血宰相”俾斯麦则向他们讲述了曾经弱小的普鲁士，是如何在弱肉强食的国际社会中成长为欧陆一方霸主的。

俾斯麦告诉他们，德国人先是通过战争向法国人索取了50亿法郎的赔款，然后又将大量的战争赔款投入银行业和矿山开采中，这才令德国经济以后起之秀的姿态逐渐腾飞起来。岩仓一行人对此留下了深刻的印象。

通过这样一番考察，岩仓具视等人认定德国通过对外扩张获得原始积累的道路是“富国之本”，而英、美等国的工商业发展经验则是发展资本主义经济和建立一支强大军队作为重要保障，日本要成为大国也需要进行一系列的制度改革。

富国、强兵、军事扩张，一个日后以侵略为本性的日本，由此开始埋下现代化发展与法西斯扩张的双重种子。

岩仓使团回国后的第二年，大久保利通就拿出了关于在日本因地制宜、发展资本主义工业的建议书。建议书中一开头就明确指出，政府要积极引导、鼓励民间发展工商业。我们在历史书上可能有一个更熟悉的说法，叫作“殖产兴业”。

举个例子，如今家喻户晓的三菱集团就是明治时期政府扶植私人资本的典型。三菱集团的创始人是一名下级武士，凭借自身善于经营和结交权贵逐渐以海运起家，建立了当时日本最大的轮船公司。

日本政府曾经为了侵略台湾而购买了13艘轮船。战争结束后，在大久保利通的强烈建议下，日本政府决定将这些船只全部无偿调拨到三菱旗下，此外还将国有企业的另外15艘轮船无偿交给三菱，并在15年内每年拨给三菱25万日元的经营补助费。

至此，三菱轮船公司从一家起初仅拥有3艘轮船的小公司一跃成为日本的“海运之王”。通过政府的扶植，三菱轮船公司不仅逐渐挤占了英美等国在日本国内的航运份额，还开辟了从日本到中国和朝鲜的航线。

可以说，三菱起家的过程就是日本政府扶植本国资本主义经济发展的缩影。

始于1868年的明治维新，虽然比1861年兴起的清朝洋务运动晚了7年时间，但日本人的决心和魄力，显然更为决绝和彻底。

而“明治维新”所有的举措之所以成功的基础是实行强硬的中央集权。在击败德川幕府后，明治政府首先将各地割据的诸藩大名手下的领地（版图）和领民（户籍）收归中央，这一措施史称“版籍奉还”。

在由中央集团管理土地和人民后，明治政府又于1871年实行了“废藩置县”，将各地的藩领（类似唐代安史之乱后的藩镇）改为3府72县，从而结束了日本长期存在的封建割据局面。清朝在太平天国运动后，各省的地方政府逐渐掌握财政、政权、军权，出现分裂趋势。而日本的明治维新一开始就是以强化中央集权为背景。在此背景下，明治维新开始力推富国强兵、殖产兴业、文明开化三项主要改革。

前面我们已经讲过了殖产兴业，那么富国强兵和文明开化具体指什么呢？

简单来说，富国强兵就是组建一支现代化的军队，陆军方面日本参考德国，海军则学习英国，并且发布征兵令，规定无论士族还是平民，只要年满20周岁，都有履行兵役的义务。后来与大清帝国的甲午战争就是日本“富国强兵”成果最有力的证明。甲午战争的巨额赔款也终于让日本体会了一把当初俾斯麦所说的“弱肉强食”。

而所谓的文明开化除了生活习惯和风俗向欧美靠拢，关键在于巨额投

◆ 蒲安臣使团的合影

资“教育”。明治政府在1871年设立文部省后，大力推行义务教育，19世纪70年代时，日本全国就建设小学达53760所，中学256所，大学8所；中国一直到20世纪70年代改革开放后，才开始真正大规模推广义务教育。而日本从1873年起，就开始确立以全体国民为对象的初等义务教育，在这方面实际上领先中国达百年之久。

岩仓使团的考察为日本的改革甚至腾飞确定了路线图。在不长的一段时间里，日本就实现了“脱亚入欧”的目标，跻身世界一流强国之列。而这一翻天覆地的巨大变革，则是以岩仓具视使团的欧美之行为起点和序幕的。

再反观，早在岩仓具视使团出使活动之前，大清也曾向西方派出了第一个外交使团——蒲安臣使团，结果天差地别，令人何其唏嘘。从认识差距到正视差距，再到改变差距，两者之间可能差了一个彼得大帝的距离。

（韩毅）

玻利瓦尔和圣马丁的秘密会谈：无法破解的历史悬案

1822年7月26日，中国清朝道光二年六月初九。

在拉丁美洲厄瓜多尔的瓜亚基尔市，有一座两层高的西班牙风格的办公楼。

一场关系拉丁美洲命运的会议，正在二层的办公室内秘密进行。参加会议的是两位领导了拉丁美洲解放运动的英雄——解放了拉丁美洲北部的玻利瓦尔和解放了南部的圣马丁。如今，两位富有传奇色彩的人物，终于在赤道附近的瓜亚基尔相遇了。他们的会谈将决定拉丁美洲国家的组建和人民的未来。

玻利瓦尔和圣马丁的两位侍从武官，按照安排，留在了一层的会客厅，他们拥抱，寒暄，坐了下来。

追随玻利瓦尔的武官，有着褐色的皮肤，只见他态度热情，神情里透露出自信，主动递过去一支雪茄，向对方打招呼："你好吗？我是阿方索。"

追随圣马丁的武官温文尔雅，有礼貌地接过了雪茄。看起来，他有更

◆ 瓜亚基尔会谈地址及雕像

纯粹的西班牙血统，但是又有一头直直的黑色头发：“很高兴见到你！我叫迭戈。”

“你好，迭戈！”阿方索一边说，一边熟练地剪掉雪茄头，点燃雪茄，让雪茄的香气在口中盘旋之后，才慢慢吐出烟雾。“终于见到你们了。请尝一尝来自古巴的雪茄。你知道吗，那是1799年，当时我还是个小伙子，是玻利瓦尔家族的佣人，我的主人玻利瓦尔先生也才16岁。那一年，玻利瓦尔先生乘船去西班牙游历，我被吩咐追随他，伺候他的起居。我们中途在古巴逗留，在哈瓦那遇见了一群革命者，他们和我的主人谈论了很多，关于革命、旅行、冒险，当然了，还有雪茄。从那时起，我就和玻利瓦尔先生一样，爱上了这玩意儿。”

阿方索语速很快，说话时伴随着丰富的表情和手势。迭戈一面听他讲话，一面在心中暗暗思考。“这家伙有点儿意思，”迭戈心想，“那副张扬的模样，倒是有点像玻利瓦尔。”

迭戈抬抬手，优雅地向女仆打了个响指，要了两杯淡朗姆酒。“阿方索，你们在哈瓦那，见到哥伦布的遗骸了吗？”

“我们很想去参观，但你知道，去西班牙的时间很紧。”阿方索从女仆手里接过酒杯，同时用热情的目光，打量女仆的身段儿，“美丽的姑娘，我该怎么称呼您？”

“阿曼达。”女仆有些害羞地说。她有着浅黑色的皮肤，以及和迭戈一样的黑头发。

得到答案的阿方索，满意地冲阿曼达扬了扬眉毛。一瞬间，像是忘记了在场的迭戈。

迭戈没在意这些，他接着说：“你一定知道，就在你们去古巴的四年前，1795 年吧，法国人从西班牙人手里夺走了多米尼加。人人都记得，多米尼加是当年哥伦布第一次抵达美洲的地点，也是他死后埋葬的地方。我听说，西班牙人从多米尼加撤退到古巴的时候，把哥伦布的遗骸也一起带去了哈瓦那。”

“没错，伙计。”阿方索重新把目光转向迭戈，“向上帝发誓，这事儿是真的。不过，我们虽然没去瞻仰哥伦布，却要以另外一种方式来纪念他。”

迭戈明白阿方索的意思，他指的是 1819 年组建的大哥伦比亚共和国。这个新生的国家，覆盖了墨西哥以南、秘鲁以北的半个拉丁美洲。所谓“大哥伦比亚”，字面意思就是“伟大的哥伦布”。这个新生的国家，是在玻利瓦尔本人的授意下建立的，玻利瓦尔亲自当上了国家的总统和元帅。

但是，即使伟大如玻利瓦尔，也不应该妄想把南方的厄瓜多尔，甚至把秘鲁、智利、阿根廷，全都纳为己有，那个当初总是鼓吹共和的玻利瓦尔，真的要做整个拉丁美洲的主人吗？

◆ 玻利瓦尔肖像

迭戈想到这些，不由得攥紧了拳头，但他依然面带微笑。“感谢上帝，”迭戈回应道，“玻利瓦尔先生好像带着使命，来到了这个世界。我们远在阿根廷，也听说过许多关于他的传奇故事。”

“我能想象到，”阿方索大笑起来，“人们把他看成天生的赢家，他走到哪儿，都有民众夹道欢迎。我们当初打了败仗，被西班牙人赶出委内瑞拉的时候，心里沮丧极了，可是玻利瓦尔先生永远是那样的乐观。等我们抵达加勒比海的时候，无论到哪一座海岛上，他都依然斗志昂扬地发表演讲。所有的人都愿意追随他，支持他卷土重来，他就是这样一个总能带给人信心的人。”

“你说被西班牙人赶出委内瑞拉，指的是 1812 年的那一次吗？”

“是的，迭戈。”听到迭戈的回答，阿方索很高兴。原来自己这一方的故事，确实在遥远的阿根廷草原上传开了。

“1812 年，是个很不幸的年份呢。让我们想想，拿破仑在那一年远征莫斯科，结果发生了什么，他的士兵兴冲冲地去了波兰、俄罗斯，结果全都冻死在了东方。人们说，打败拿破仑的，才不是什么俄国的库图佐夫将军，而是会让伏尔加河结冰的冬将军！”

“我们是在 1810 年拿起枪的，1811 年 7 月 5 日，我们组建了委内瑞拉第一共和国，革命的形势看起来一片光明。哦，对了，当时玻利瓦尔先生还很年轻，才20多岁，于是大家拥护革命元老、已经年过60的米兰达大人，做了第一共和国的领袖。结果呢，共和国刚刚成立半年多，到1812年3月，首都加拉加斯突然发生了大地震，整座城市变成了一片废墟。”

“我听说过一些有关地震的谣言，说上帝只惩罚了革命者。”迭戈回忆道。

“你说得没错，迭戈。”阿方索一下子兴奋起来，“世上真有这样的怪事，地震偏偏摧毁了革命者的地盘，几百里外的西班牙军队竟然毫发无损。你能猜到接下来会怎样，那帮西班牙的天主教神父，是不会放过这个把柄的。他们到处宣扬，说这是上帝的神迹，说革命者反对西班牙的殖民统治，是反对耶稣基督的暴行。”

“你们损失严重吗？”迭戈问道。

阿方索把手举起来，然后用力摊开，做了一个无奈的手势。“我们死了很多兄弟，但比这更加可怕的是，加拉加斯开始变得人心惶惶，越来越多的战士失去了信心。”

“可你们还是帮助米兰达大人，坚守了好几个月。”迭戈心中泛起了一丝同情，他想要安慰阿方索。

“我们试着那样做了，而且坚持到了7月。7月6日，我记得很清楚，因为我差点死在了那一天。当时玻利瓦尔先生是共和国的上校，负责镇守卡贝略港，那是保护加拉加斯的军事要塞。我们得承认，上帝的确干预了战争的发展，就像拿破仑在俄国吃了败仗一样，玻利瓦尔上校也被打败了——是的，即使是玻利瓦尔先生，也会败给上帝。

“三个星期后，米兰达大人开城投降，他被西班牙人捉去，关进了监狱，最后死在了那里。”

“你知道，阿方索，当时还流传着一些有关玻利瓦尔先生的风言风语。”迭戈打断了阿方索的话，他想起来，很多人坚信，加拉加斯城破之前，玻利瓦尔为了争夺权力，与米兰达发生了激烈的争吵，这直接削弱了城内的防御力量。相传，米兰达眼看革命阵营分裂，知道大势已去，他不忍心看到城内的战士白白送死，这才签订了向西班牙投降的协议。

不仅如此，有的人说，是玻利瓦尔唆使守城部队抛弃米兰达，导致后者被捕。还有人说，城破之后，是玻利瓦尔把米兰达捉了起来，主动献给了西班牙人，为自己换到了一张逃往加勒比海的船票。

“不不，我知道你在说什么。”阿方索猜出了迭戈的心思，“那些都不是真的，迭戈，相信我，责任全在米兰达。”阿方索连忙解释道，表情显得很狼狈。“如果大家信任玻利瓦尔先生，就算丢掉了卡贝略港，加拉加斯也不会陷落。是怯懦的米兰达背叛了革命，做了投降者，虽然他的确是我们拉丁美洲革命的教父。”

迭戈礼貌地笑了笑，他试着缓和尴尬的气氛：“不管怎么说，没有委内瑞拉第一共和国，就没有你们今天的大哥伦比亚共和国。”

“我同意，但每次回想起这段往事，我就会告诉身边的人，第一共和国的建立和失败，确实是上帝的安排。上帝这么做的目的，是要让刚刚投身革命不久的玻利瓦尔先生，获得必要的锻炼，并且借此取代软弱无能的米兰达，修正他的路线，成为拉丁美洲革命的真正领袖。”

迭戈听了阿方索的话，一时间不知道该说什么好。北方人对玻利瓦尔的崇拜，他早有耳闻，但是亲耳听见这样的话，还是让他有些惊讶。不过，他转念一想，假如阿根廷、秘鲁的地方势力，也这么崇拜和拥护他的主人圣马丁，正在二楼谈判的圣马丁先生，又怎么可能落得如此可悲的下场呢？

◆ 圣马丁画像

眼前这位满心崇拜玻利瓦尔的阿方索，是否知道圣马丁先生的困境呢？

迭戈强迫自己从思考中跳脱出来，他想了想，决定换个话题。“那次大地震太可怕了，西班牙建造加拉加斯的时候，怎么就挑了那么个地方。”

“他们是一帮被诅咒的魔鬼，迭戈，”阿方索摇摇头，“或者用玻利瓦尔先生的话来说，西班牙是一条‘年迈的毒蛇’，她给这片土地带来了坏运气。

“就说我们眼下所在的瓜亚基尔吧，我才来这里不久。实话说，我太喜欢这里的风景了，你们昨天住下后，有没有四处走走？你们看到东边的安第斯山上盘桓的雄鹰了吗？看到西面的大西洋上斑斓的晚霞了吗？我爱这里，我发誓，可是我听人说，这座城市经常遭受台风和地震。地震，你知道的，我讨厌这个词，一定是西班牙人招来了上帝的惩罚。”

迭戈啜了一口酒，拍拍阿方索的肩膀，没有说话。

阿方索又继续滔滔不绝起来：“我们身上流淌着西班牙人的血液，但是这并不能让我们成为西班牙人，因为我们生在了殖民地，因为我们的血管里，还留着其他人的血。迭戈，我的祖父是黑人，你呢？”

“我的母亲是印第安人。”迭戈平静地回答。

“你呢，阿曼达？”阿方索转身问女仆。

“呃……两位大人，”阿曼达愣了一下，“我的父亲是黑人，我的母亲是印第安人。”

“好极了，我们的拉丁美洲，就是一个缩小的世界。”阿方索的声音不自觉地高了起来，“造成这种情况的，正是西班牙人。他们抢了印第安人的土地，把黑人当作奴隶，从非洲运到这里。可是呢，无耻的他们，既想从殖民地搜刮金银，让殖民地的人民种可可、挖银矿，又不想让殖民地的人民分享他们的权力。”

“迭戈，那次我们离开古巴后，坐了很久的船，终于抵达了西班牙。从 1800 年开始，我陪伴玻利瓦尔先生，在马德里、毕尔巴鄂学习、访问。一开始，我们心怀憧憬，以为回到了爱我们的祖国，可是却发现，那里的人们，根本不把来自殖民地的我们当自己人看待。”

“一天早上，玻利瓦尔先生骑着马，和我一起，走在马德里的大街上。玻利瓦尔先生有纯粹的西班牙血统，一般人看不出来，他和当地人没有什么区别。可是那一天，也许是因为，有我在他身边陪伴，也许是因为，他穿起了华丽的南美洲贵族的衣服。当他骑着马，经过马德里的大街时，一个小小的街头警察，突然对他大声吼道：‘小子，下来！’

“我们完全不知道发生了什么，骑马是被允许的呀。‘为什么？’玻利瓦尔先生困惑地问。

“没想到，一个普普通通的警察，竟然教训起了我的主人：‘这儿是西班牙，不是美洲的殖民地，你少在这里给我耀武扬威！滚下来！’只见那个警察，一下子把我的主人从马上拽了下来。

“迭戈，当时我们又惊讶，又气愤，几乎说不出话来。你知道吗？在故乡委内瑞拉，玻利瓦尔先生是贵族子弟。受人尊敬的玻利瓦尔家族，拥有一眼望不到头的种植园，有 1000 多名奴隶，还有金矿、糖厂、房产以及呢绒商店。可是在西班牙，一个普普通通的警察，竟然可以无视法律，对他这么无礼。

“那一年，玻利瓦尔先生才 17 岁，他和人谈论过殖民地的革命，但还

◆ 玻利瓦尔青铜雕像

不能真正理解革命的必要性。可是在被西班牙的警察侮辱之后，我想，他终于明白了。”

阿方索的描述，道出了许多殖民地人民的共同感受。

“你说得对，这些也正是圣马丁先生号召大家参加革命的理由。”迭戈语气坚定地说，“如果连尊贵的玻利瓦尔先生，一个血统纯粹的西班牙后裔，一个受人尊敬、拥有财产、受过良好教育的贵族，都可以随随便便被西班牙的街头警察欺负，那我们这些普通人，还不知道会遭遇什么可怕的事情呢！”

“对西班牙来说，我们不过是些当牛做马的工具，他们之所以开恩，允许我们活着，只是为了收缴我们的税款！”阿方索高声喊道，说着，狠狠地弹落了雪茄的烟灰。

阿曼达赶紧走上前来，劝阿方索小声些，不要打扰楼上的秘密会谈。

阿方索有些不好意思，把话头转向了迭戈："你们的圣马丁先生，也有西班牙的贵族头衔吧，他又是为了什么参加革命？"

迭戈点点头，"圣马丁先生和玻利瓦尔先生一样，祖上都是体面人。他父亲虽然生在阿根廷，却是西班牙皇家陆军的军官，还做过阿根廷的地方官。圣马丁先生本人，也按照家族传统，十几岁就去西班牙，加入了步兵团。我就是从那时候开始侍奉他，一路追随他的。

"为了西班牙，很多来自殖民地的军人流干了鲜血。1791 年，我们去非洲，抵挡摩尔人的骑兵；1798 年，我们阻挡了火力强大的英国军队；1801 年，我们与近在咫尺的葡萄牙人交战……

"直到 1808 年，战无不胜的拿破仑来了，他最终征服了西班牙，但是圣马丁先生在抵抗拿破仑的战场上，多次立下战功，还为此晋升为少校。那一年，圣马丁先生才 20 岁。

"西班牙被拿破仑征服了。圣马丁先生感到，家族赋予他为西班牙效命的义务，也到此为止了。在西班牙作战、求学期间，圣马丁先生早就加入了一个支持拉丁美洲独立的革命团体，现在，他只想为故乡而战。

"1812 年，我们终于回到了祖国阿根廷。那时候，距离革命爆发，已经过去了两年，西班牙的军队展开了疯狂反扑。作战经验丰富的圣马丁先生，被立刻任命为司令。他不仅指挥大家打退了西班牙人在阿根廷的反扑，还主动出击，向西越过安第斯山，首先解放了智利，然后一路向北，攻入了秘鲁。去年的 7 月 28 日，他被推举为秘鲁的'护国公'。"

"所以，这就是我们在这儿相遇的原因。"阿方索听了迭戈的回忆，一口喝干了杯子里的朗姆酒，"我们从北方南下，你们从南方北上，在赤道附近的瓜亚基尔，我们坐在了这里。"

"正是如此，我的朋友。"迭戈也举起酒杯，一饮而尽。

“迭戈，有件事我想问你，”阿方索的目光里闪烁出某种奇怪的东西，“秘鲁人，现在怎么看待圣马丁先生？”

迭戈心头一颤，他一直担心的情况还是发生了——圣马丁先生的窘况，在阿方索的眼里，可能已经不是秘密了。

果真如此的话，玻利瓦尔一定也已经对此了如指掌。

事实上，圣马丁来到瓜亚基尔之前，早就处在了极其不利的位置。他的阿根廷同乡，似乎对他的离开很高兴，已经很久没有给予他支持。他在智利的政治盟友还惦念着他，可是受限于实力，所能给予的帮助也很有限。至于秘鲁，他来到瓜亚基尔后不久，就得到消息，他在秘鲁亲手扶持的亲信，已经被反对党赶下了台。

更糟糕的是，圣马丁的部队已经在长期的战斗中严重减员。圣马丁本人的健康状况也不容乐观，迭戈知道最近这段日子，圣马丁一直在吸食鸦片，以缓解身体的疼痛……

而玻利瓦尔呢，迭戈一向对自己看人的眼光很自信，经过昨天一整天的近距离观察，他确信人们对玻利瓦尔的描述是正确的。

这是一个个性自负、野心勃勃、城府很深，而且渴望绝对权力的野心家。他口才极佳，擅长夸夸其谈，喜欢即兴演说。他嗓门很高，声音甚至有些刺耳。他时而心血来潮，与陌生人热烈拥抱，时而恼羞成怒，对同伴进行人身攻击。总之，他的脾气非常暴躁，反复无常。可是另一方面，他的各种言谈举止，在一一拼凑起来之后，却出乎意料地迸发出某种昂扬、果敢、坚定的领袖气质。或者，就像阿方索说的那样，总能带给人们希望。

圣马丁是一位心地善良、宽宏大量的绅士，是一位丝毫不贪恋权力、愿意听从人民心声的圣贤，是一位身体虚弱、无兵可用的统帅。

一山不容二虎，这样的圣马丁，绝不是玻利瓦尔的对手。

就拿瓜亚基尔来说，这座位于赤道附近的城市，刚好处于双方势力的边界上。秘鲁人希望圣马丁说服瓜亚基尔的地方党派，使瓜亚基尔并入秘鲁。可是玻利瓦尔是怎么做的呢？他在明知道圣马丁的要求的情况下，却不经磋商，便于两周前的7月13日公开宣布，将瓜亚基尔纳入大哥伦比亚共和国的保护之下。

圣马丁能做什么呢？凭借仅剩的8000名士兵，他根本无力抵抗玻利瓦尔的大军。

更何况，迭戈可以肯定，圣马丁根本无意挑战玻利瓦尔的权威。圣马丁曾说过："我并不寻求荣誉"，也曾说"我的剑绝不为争权夺利而出鞘！"只要秘鲁和整个拉丁美洲真正独立，我愿意"远远地离开这里"。

这是一位崇高的解放者的心声，却不是一名志在必得的政治家该有的姿态。

想到这里，迭戈心里既为圣马丁感到难过，又对玻利瓦尔生出了一丝愤怒。

他没有回答阿方索的问题，而是反问道："阿方索，你见过一个名叫希斯洛普的英国人吗？"

阿方索的脸色顿时变了。气氛忽然凝重了许多。

阿方索不可能不知道希斯洛普是谁。

1815年，一度陷入困境的玻利瓦尔，再次选择去加勒比海地区流亡。在英国的殖民地牙买加岛，他遇见了一位同情其革命事业的商人。这位名叫希斯洛普的英国商人表示，愿意为他的革命军出钱出力。可是从那时候开始，拉丁美洲就流传着一种说法。有人声称，曾经看到过玻利瓦尔寄给希斯洛普以及英国政要的信函。信中，玻利瓦尔许诺，战后将为希斯洛普提供商业投资的机会，同时还表示，英国若能给予援助，一定不会空手而归。他保证，革命胜利之后，英国人将有权占有巴拿马和尼加拉瓜。

如果这事是真的，那么玻利瓦尔将注定独享胜利的果实。作为拿破仑战败后的世界头号强国，英国不仅是一个标榜绅士风度的国度，更是一个商业至上、唯利是图的国家。

圣马丁是一位当之无愧的绅士，相比之下，玻利瓦尔则是一个善于讨价还价的政客。可是这一回，英国的绅士们，一定会抛弃同样具有绅士风度的圣马丁，站到玻利瓦尔一边。因为圣马丁历来要求欧洲列强与独立后的拉丁美洲平等贸易，而玻利瓦尔却现实得多，他开出的价码，实在太诱人了。

两个人谁也没有再说话。阿方索又点燃了一支雪茄，这一次，他没有像上次那样递给迭戈。

好在没过多久，二楼的会谈终于结束了。阿曼达听到楼上开门的声音，连忙跑上楼去，迎候两位大人物。

不一会儿，圣马丁先走了下来，他神情严肃，一言不发，独自走出了大厅。他略显颓唐的背影，看上去不无凄凉。

接着，玻利瓦尔也走下楼来，他的表情很让人费解，既像是面无表情，又像是在努力抑制内心的狂喜。

这一幕，印证了迭戈的猜想。他主动伸出手去，握了握阿方索的手：

“恭喜你，阿方索，你们赢了。”

阿方索顿时尴尬起来，不知道说什么好。

“我发自内心地祝福你们。”迭戈继续说道，“要革命，就要流血。圣马丁先生是一位心灵高尚的人，可是革命不仅需要高尚，也需要务实，乃至于残忍。从这一点来说，玻利瓦尔先生，的确是更好的人选。”

这时候，阿曼达已经应玻利瓦尔的要求，向会场内外的所有宾客，宣布了晚上将要举办通宵舞会的消息。

从玻利瓦尔洋溢着喜悦的安排中，阿方索也已经猜出了结果。他不好意思地耸耸肩，问道：“那你们……接下来打算怎么办？”

迭戈回身看了看走远了的圣马丁，回答道：“我猜，我的主人出于礼貌，应该会前往舞会现场。但我想，他应该不会待得太久。我们该出发了，去那个该去的地方。阿方索先生，这是我们第一次见面，恐怕，也是最后一次了。”

听到这里，阿方索使劲握了握迭戈的手。“我永远忠于玻利瓦尔先生，但是，请代我向无私的圣马丁先生致敬！还有，迭戈，希望我们还能再会！”

“会的，我的朋友，再见了。”迭戈张开双臂，又一次拥抱了这个刚刚认识的男子，然而他明白，自己这一生，都不会再和阿方索相会了。

月亮升了起来，通宵舞会在极度的狂欢中达到了高潮。夜色中，圣马丁一行不辞而别，离开了瓜亚基尔。

他们先返回了秘鲁，在那里，圣马丁在惊讶的众人面前公开宣布，辞去国家首脑和军队统帅等一切职务，相当于把权力、荣誉，主动让给了他的革命伙伴、同时又是对手的玻利瓦尔。

◆ 圣马丁纪念碑

随后，44 岁的他像一位看淡了人世冷暖的隐士一般，途经智利、阿根廷，挥手告别了故土，远赴欧洲，在巴黎城内一处隐秘的住所，定居了下来。

在巴黎，很少有人知道他是谁。以为自己健康恶化，即将不久于人世的圣马丁，过起了贫困、孤独，却平静、安宁、与世无争的生活。直到 1850 年 7 月 17 日，他在 72 岁的高龄时，才辞别了人世。

而他的老战友、老对手玻利瓦尔，却早已在 20 年前的 1830 年，在 47 岁的年龄英年早逝。一般认为，他是病死的，但一直有人相信，他是被政敌毒死的。

无论是急流勇退的圣马丁，还是最终解放并且统治了大半个拉丁美洲的玻利瓦尔，在他们余下的生命岁月中，都没有向任何人谈起过，1822 年 7 月 26 日那天，他们俩究竟聊了些什么。据在场的人们回忆，当时会场大门紧锁，里面只有他们两个人，会后也没有留下任何文件和档案。

因此，瓜亚基尔会议，成了拉丁美洲历史上最有名的悬案之一。随着玻利瓦尔和圣马丁相继辞世，它的真相，也许永远都无法揭晓了。

（杨盛翔）

黑奴共和国，球王做总统：利比里亚的盛与衰

2017 年 12 月 27 日，一则来自遥远的西非新闻，让中国 30 岁以上的足球迷惊讶地丢掉了手中的保温杯。一位名叫乔治·维阿的中年男子，当选了新一届利比里亚总统。对于“00 后”来说，乔治·维阿只是一个普普通通的政治家的名字而已，可是对于“85 前”的大叔们来说，这个名字意味着很多。

20 世纪 90 年代，意大利足球甲级联赛在中国具有极高号召力。维阿这个名字，伴随着意甲豪门 AC 米兰俱乐部的一系列辉煌。他不仅帮助球队斩获联赛冠军等多项荣誉，还凭借个人的优异表现，前所未有地囊获了 1995 年度“金球奖”“世界足球先生”和“非洲足球先生”三大头衔。

2003 年，维阿以 38 岁的“高龄”宣布挂靴，从此淡出了中国球迷的视线。“浮云一别后，流水十年间”，十多年过去了，许多老球迷已经渐渐忘记了他的名字。没想到，正往保温杯里放枸杞的那一刻，非洲老朋友的名字，竟然再次从电视机里传了出来。只不过这一回，乔治·维阿告别了洋溢着青春与荷尔蒙的中央五套，来到了宝相庄严的中央一套。古有高俅高

◆ 1995 年乔治 · 维阿当选“世界足球先生”

太尉，靠球技一脚踢出官位；今有维阿维大爷，一转身，从 CCTV 5 踢到 CCTV 1。

◆ 乔治·维阿在足球场的精彩瞬间

这无疑让很多心神俱疲的中年男子看到了希望，原来中年下岗还可再就业。退役的足球运动员花了十几年时间，重新走上人生巅峰，做一国的总统，这世界上，还有什么是不可能的？

可是冷静下来读读利比里亚的资料就会发现，再就业的维阿为自己选择的，可不是一条坦途。再仔细读下去，这哪里是一份好差事，相比于维阿顺利的足球生涯，这分明是一场可能让他晚节不保的赌博。

为什么说这是一场赌博呢？了解利比里亚是一个怎样的国家，又经历了怎样的历史，你就明白了。

利比里亚位于西非沿海地区，面积 11 万平方公里，与我国的江苏省差不多大小，但是人口只有 505 万人（2020 年统计数字），大约是江苏省的 1/17；GDP 也只有 29.5 亿美元（2020 年），大约是江苏省的 1/600。用一句话来说，就是国小民穷，不仅穷，还穷得叮当响。

可就是这么一个小国、穷国，却在 19 世纪西方列强瓜分非洲的狂潮中，保持了独立。到“二战”爆发前，利比里亚是非洲仅有的没有被殖民的国家之一。迟至 19 世纪才建国的利比里亚，又是如何做到这一点的呢？

这要从利比里亚与美国之间非同一般的关系开始说起。大家知道，欧洲人开辟新航路以后，建立了罪恶的大西洋三角贸易，把数以千万计的非洲黑人，运往美洲的种植园做苦工。可是利比里亚却是另类，其他地方，是黑人被运出非洲；这个地方，却是黑人被运回这里。

准确地说，是美国的黑人回到这里，建立了一个新的国家。

话说美国自独立建国开始，便伴随着对自由、民主的热情鼓吹。美国独立的标志，是1776年《独立宣言》的签署。《独立宣言》庄严宣告："人人生而平等，造物者赋予他们若干不可剥夺的权利，其中包括生命权、自由权和追求幸福的权利。"

尽管许多美国政治家只是嘴上说说而已，但还是有很多实心眼儿的美国人，打心底里相信，"人人生而平等"不应停留在纸面上，而应付诸实践，惠及所有人，包括在美国做奴隶的黑人。

到19世纪30年代，美国北方更是兴起了解放奴隶的"废奴运动"。这一运动也为南北战争期间，林肯总统彻底解放黑奴，埋下了伏笔。

可是，随着获得自由的黑人越来越多，如何对待他们，成了一个新的问题。有的美国人建议，把黑人留下，把他们培养成工厂里的工人。有的美国人主张，好人做到底，送佛送到西天，不如把黑人直接送回他们的非洲老家去。当然了，这帮人之所以这么主张，实际上是因为获得自由的黑人会挤占自己的工作机会，而且黑人大多没有受过教育，要训练、教化他们，必须付出极高的代价，这是美国承担不起的。

不管出于何种目的，主张遣返黑人的这一派，占据了上风。1821年，在美国总统门罗的推动下，第一批黑人被送回西非海岸。美国人逼迫当地的非洲酋长，卖给他们一块位于海滨的土地，在此建立了第一个黑人移民区。随后，一个个移民区相继建立起来，最终合并在一起，成立了全新的利比里亚共和国。

1847年，利比里亚正式建国，为了纪念美国的门罗（James Monroe）

◆ 美国总统门罗和政府成员

总统，利比里亚人把首都命名为蒙罗维亚（Monrovia）。利比里亚的国名Liberia，便来自拉丁文中，表示“自由”的“Liber”一词。

对美国感恩戴德的利比里亚人，全盘学习美国的一切制度。从国旗的样式，到州议会制度，再到极具美国特色的大法官制度和选举人制度，利比里亚都学得有模有样。

可是坏就坏在利比里亚对美国的学习，仅仅止步于有模有样而已。表面上，利比里亚实行美式民主制度，选举搞得不亦乐乎，但背地里这个国家的政权完全掌握在政治精英手中。这些精英出自几个大家族，他们在美国接受教育，回国后就住在美国风格的豪宅里。看上去，利比里亚也在举行选举，可是每次政府换届，不过是把权力从一个家族手里，交到另一个家族手中罢了。

更令人惊讶的是，这些获得自由的黑人，在回到非洲故土之后，竟然把当地的非洲原住民变作了自己的奴隶，实施残忍的种族压迫政策。到后来，这些高高在上的统治者，甚至连演戏都懒得费力气了。

1927 年的大选中，利比里亚全国仅有 1.5 万多合法选民，结果，竟然有 24.3 万张选票，投给了总统查尔斯·金，这让利比里亚的选举成了国际笑话。1930 年，针对发生在利比里亚的丑行，联合国的前身国联派出了调查团。不久调查团发布报告，宣称利比里亚的民主有名无实，这几乎是一个 1.5 万人凌驾于百万人之上的奴隶制国家。

可是，就因为利比里亚本身是一个非洲黑人国家，这一种族压迫的惨状并没有像白人奴役黑人那样，引起世界舆论的注意。直到 19 世纪 70 年代，在利比里亚仍然只有极少数人拥有投票权，占总人口不到 1% 的人，实际掌控着这个 200 万人的国家。

利比里亚这块土地，其实拥有不错的自然禀赋，盛产木材、橡胶、可可、咖啡，可是国家的财富集中在极少数精英手里，大部分民众生活穷苦。慢慢地，在这个出于对自由的热爱而建立起来的国度，被剥夺了自由的人们逐渐失去了对政府的信心。反抗的火焰开始熊熊燃烧，进入 20 世纪下半叶，利比里亚频频发生政变。今天，你方的领袖喋血街头，明天，我方的领袖被人切成碎片，分了吃掉。

当世界逐渐走出冷战的阴云时，利比里亚却从 1989 年开始，爆发了长达 7 年的内战，共造成 15 万人死亡，85 万人沦为难民。经过这场浩劫，利比里亚的经济被彻底摧毁。就在维阿退役的 2003 年，利比里亚政府债台高筑，财政赤字高达数百万美元，文盲占该国总人口的 58%，儿童的失学率达到 50%。

可以说，维阿是面对着一个烂摊子，下定了从政的决心。为此，这个中年男人付出了高昂的代价。

早在 1997 年，当维阿还处于运动巅峰时，他就表达过未来从政的心

◆ 1934 年，利比里亚首都，平民和士兵列队在行政大楼

愿。可是，忌惮其影响力的利比里亚政客，却派人焚烧了维阿在首都蒙罗维亚的住宅，想要给这位世界足球先生一个下马威，让他知道厉害，远离政治。如果维阿是个只顾自己享乐的人，他完全不必蹚浑水。回到一片废墟的利比里亚从政，能换来什么？以他在欧洲踢球的收入和名望，完全可以在米兰、巴黎、伦敦，住豪宅，开豪车。他大可以把国籍转到欧洲，退役后安享余生，悠闲地给崇拜他的球迷签名。

可是维阿有一位精神导师，他就是南非的黑人领袖曼德拉，那是一个为了人民的自由而把性命置之度外的英雄。在拜访了曼德拉之后，维阿拿定了主意。他要像当年在球场上一样，向强敌发起挑战。为了让同胞不再遭受侮辱，他愿意赌上一切，这正应了孟老夫子的一句话，“虽千万人吾往矣！”

维阿踢球时，虽然个人球技出众，却是一个出色的团队型球员。他每每为队友送出助攻，甘心做球队中的绿叶。这样的性格，为他赢得了队友的热爱。也许，他会把这种团结的精神，传递给利比里亚人民。一支球队，无法靠一个人赢得胜利。同样，一个国家，也无法靠一位政治家扭转乾坤。但是总要有一个人，激励队友和人民，吹响反击的号角。历史选择了乔治·维阿，维阿选择了改变历史。

（杨盛翔）

印度种姓制度：文化隔膜臆造的结果

2020 年 3 月 31 日，印度北方邦一个 22 岁的青年罗尚·拉尔在家中自杀身亡。

一周前，为了应对新冠病毒的传播，印度政府宣布施行长达 21 天的疫情封锁，这个小伙子所在的工厂也因此而关闭。小伙子没有任何存款，现在没有了收入，也就交不起房租，只好回乡下老家。他先搭乘汽车，又步行了 90 公里，在路上折腾了四五天，终于到了村口。

可是还没进家门，他就被带到一所小学进行检疫隔离，并且被告知封锁期结束之后才能恢复自由。

被隔离还不要紧，关键是村政府没有给这些人安排任何食物，饿了两天后，小伙子联系上家人，让他们送饭。为了避免接触，家人把食物放在距离隔离点 3 公里远的一个磨坊里，小伙子得自己去取。

小伙子于是走出隔离点，打算去取食物，没想到被负责隔离点管控的警察发现了，这个警察对其进行长达半小时的殴打，直到小伙子的右手被打骨折。

小伙子被家人带回家后，当夜便自杀了，临死前，他录制了一段遗言："我真的太伤心了。我所犯的唯一的错误就是因饥饿而向家人索要一些食物。但那个警察却如此凶狠地打我。我不断哀求，他无动于衷。没有其他人帮助我。因为我是一个贱民，我很无助。"

这个小伙子的遭遇除了印度本身防疫制度的混乱外，一个重要的原因是，和成百上千万在印度大城市谋生的农民工一样，这位印度青年来自一个低种姓族群。确切地说，是印度种姓制度中最低的贱民种姓（即达利特人）。

提起印度，大家可能都听说过它等级森严的种姓制度。发生在这位印度小伙子身上的悲剧，是印度种姓问题的一个生动的示例。

印度的"种姓"在英文中被称为"卡斯特"（caste）。实际上这个词源于葡萄牙语，意思是"种族"。16 世纪葡萄牙人到达印度进行贸易，在与印度人的交流中发现当地社会存在着普遍的社群区隔制度，也就是人们结成一个个的社群，并且互相隔绝开来，因而将这种制度称为卡斯特。

18 世纪英国人来到印度，并于 1818 年征服印度，他们也将印度的这种社群区隔制度称为卡斯特。

与葡萄牙语中的卡斯特不同的是，英国人所定义的卡斯特的内涵要更为丰富。为了更加牢固地维持英国在印度的殖民统治，英国殖民者对印度社会文化语言等知识积极认真地学习，并进行再造。他们在印度的主要学习对象是那些上层的识字阶层。而印度的上层识字阶层主要是由印度教的祭司们构成。这些祭司的主要工作就是研读印度教的经典文献，比如《吠陀经》《往事书》《梵书》等，他们坚信这些印度教经典中的神话内容构成了印度真正发生过的主要历史脉络。

A Brahman Schoolmaster.

◆ 19 世纪婆罗门阶层教育活动场景

受到这些印度教祭司朋友的影响，远道而来的英国殖民者也稀里糊涂地接受，这些印度教经典确实客观反映了印度的历史，只要仔细研究这些经典，就可以很快地掌握印度的历史和文化，从而更加有效地管治印度。于是这群“老外”更加认真努力地学习这些经典。

在这些印度教经典之中，频繁出现一个梵文词汇“瓦尔纳”(varna)。“瓦尔纳”一词的字面含义是“种类，颜色，阶层”。

在印度教经典文献中，瓦尔纳则意为将人分为不同种类的社会体系，在这个体系里，以宗教祭司为职业的婆罗门阶层占据了最高的位置；婆罗门之下是刹帝利，刹帝利的职业主要是国王、官员和将领；第三等阶层是吠舍，主要是由商人、手工业者和地主构成；第四等阶层是首陀罗，由农夫等体力劳动者构成。这四个等级之外，还有一个“不入流”的贱民阶层，他们主要从事被印度教徒认为“不洁”的职业，比如屠夫、丧葬、清洁工等。

在上述五个等级中，婆罗门、刹帝利、吠舍的男性被认为是“再生族”，他们有两次出生，一次是肉体上的出生，另一次是精神上的出生。在经历婆罗门主持的入法礼之后，这三个阶层的再生族们就获得了精神上的出生，从此可以参加宗教活动，并得到印度最高大神梵天的庇护。而首陀罗和贱民则被认为是“一生族”，就是说只有肉体的出生，没有精神上的出生，因此也就没有资格参加宗教活动，无法得到梵天的庇护。

英国殖民者刚开始傻傻地认为印度教经典文本上对于瓦尔纳的描述是真实的历史存在，即印度社会长期以来确实是按照五个不同的阶层及其分工运行的。这样，原先西方人使用于解释印度社会的意义模糊不清的卡斯特概念就被等同于印度自身的瓦尔纳了，今天世界所了解的印度种姓制度概念也因此诞生了。

可是，随着这帮英国老外在印度立足久了，对印度社会了解加深，他们发现印度社会并不是真的严格按照瓦尔纳制度运行的，印度人自己也并不是简单地将他们自己分为五个种姓。

历史上，绝大多数印度人都是用“迦提”（jati）概念来区分彼此和建构身份。

Jati 是一个梵文词汇，意思是“出身”。在印度的历史上，迦提是一个类似行会或者中国明代户籍的概念。譬如在拉贾斯坦邦的农民可以属于一个迦提，而南部泰米尔纳德邦的农民也可以属于另一个迦提，他们两人都不会认为他们是“瓦尔纳”制度中所规定的首陀罗。迦提的祖辈从事某

◆ 拉贾斯坦邦农民在收割

◆ 泰米尔纳德邦农民在劳作

个职业，则其子孙也从事该职业，且施行内部通婚。

与瓦尔纳所称人具有固定不变的等级特征的种姓制度不同，在印度社会中真实长期存在的迦提制度本身并没有固定的等级。每个迦提为它的内部成员提供庇护和身份，且都声称他们具有神圣和特殊的起源和历史。不同迦提之间社会地位的升降实际上是受到现实的经济和政治因素影响的。某些迦提在某个历史时期因为内部成员赚了大钱，或者长期占据高官的位置，而获得较高的社会地位。但可能由于这些经济政治环境的改变而在另一个历史时期社会地位下降。

印度现实社会中的迦提制度与英国殖民者所知道的经典中的瓦尔纳种姓制度的差别太大了。根据英国人在19世纪末的统计，包括今天的印度、巴基斯坦和孟加拉国在内的英属印度，迦提的数量超过3000个。这些迦提内部以及之间的关系都过于复杂，英国人无法完全搞明白，更不要说掌握，因此根据迦提对印度社会进行管治显然无法实现。可是再看瓦尔纳制度，将印度教人口就分为五类，而且相互之间界限分明，便于管理。

在三千和五之间，英国人选择了偷懒。

1901年英印政府委托殖民地官员赫伯特·里斯利对印度人口进行普查。这位官员深信瓦尔纳制度是在印度历史上真正实施过的，而且是之后印度所有的族群分类制度的源头，而纷杂无序的迦提只不过是印度制度崩坏、文明陨落的又一个明证而已。

“更加了解印度历史”以及“更加文明”的英国人挽起袖子蛮干，承担了印度“启蒙者”的角色，要“恢复”印度原初的制度。因此在1901年的人口普查中，里斯利将印度的迦提全部归类在五个种姓之中。从此，完全没有关系的拉贾斯坦邦农民和泰米尔纳德邦农民便被殖民地政府归类为首陀罗种姓，似乎他们是一样的人。

◆ 终结“卡斯特”规则的标语

英国殖民者的这一种姓政策在当时得到了印度政治经济精英的接受。一方面，绝大多数政治经济精英都被划为了高种姓族群；另一方面，固定的种姓制度有利于本土精英巩固自身的阶层地位。

于是这些受益的本土精英和殖民当局通力合作，以婆罗门、刹帝利、吠舍、首陀罗、贱民为主要类别的种姓制度在20世纪初被印度社会所广泛接受和内化，成为我们今天所认知的印度种姓。

1947年印度独立之后，印度政府认识到种姓制度给社会带来的消极影响，当时制定了一系列政策，来保护被划到低种姓的那些族群的利益。在印度宪法中明确规定禁止对低种姓族群的歧视，并在政策上给予补助。印度政府甚至还为低种姓群体设置了国家公职和大学入学配额，规定政府和大学必须将20%—30%的招录名额配给低种姓群体。

但这些政策却进一步加强了种姓之间的身份区隔，还加剧了种姓之间的矛盾。由于高种姓与低种姓之间的贫富悬殊，拥有权力和资源的高种姓群体不愿意分一些既得利益给低种姓，并在社会中设置了种种隐性的屏障与歧视，以阻止阶层流动。

直至今日，尽管印度政府早已禁绝了种姓，然而种姓造成的隔阂却无处不在。新冠肺炎疫情将印度原本隐藏着的种姓矛盾完全暴露了出来。高种姓的权贵制定了各种隔绝与封锁政策以保障自己的安全，而罗尚·拉尔这样的从事底层工作的低种姓群体又经历了一遍被隔离、歧视和放逐的痛苦。

（曹寅）

文明的故事

矛盾与战争

THE STORY of CIVILIZATION

瓜分非洲的柏林会议：拿尺子把非洲分一分

当你看世界地图的时候，不知道你是不是注意到，大多数国家的边界线都是弯弯曲曲的，因为它们是沿着山川河流等自然分界线划分的。可是当你看非洲地图时，各国的国界线大多是笔直笔直的。

“哎呀，就像拿尺子画出来的一样。”

其实，这些国界就是拿尺子画出来的。本章我们就来讲讲关于非洲大陆的故事。

非洲是古人类的发祥地。大约10万年以前，古代智人就是从这里出发，走向了世界。非洲，也是一块物产无比丰富的大陆。从古至今，面对这片丰饶的土地，它周围的邻居，曾经无数次想要染指它的美丽。

生活在叙利亚、黎巴嫩一代的腓尼基人，很早就远航至北非的突尼斯一带，并且把这里变成了他们的殖民地迦太基。按照古希腊历史学家希罗多德的记载，擅长航海的腓尼基人，曾经受埃及法老的委托，从红海南下，沿顺时针方向，绕行非洲，又从直布罗陀海峡向东进入地中海，回到

◆ 法国在非洲殖民地的纪念碑

OLONIES D'AFRIQUE

了埃及。

罗马人崛起后，又将北非变成了自己的多个行省。到拜占庭时代，拜占庭人又继续控制北非的大部分地区长达数百年。之后的阿拉伯帝国，其疆域西至摩洛哥，东至整个北非。在中世纪，敢于冒险的阿拉伯人继续向南进发，一直延伸到西非的撒哈拉沙漠深处以及东非海岸，并且将伊斯兰教带到了非洲这片大陆。

15 世纪初，中国伟大的航海家郑和，也曾率舰队抵达东非的肯尼亚和索马里沿海地区。

但是，近代以来的欧洲殖民者，对非洲的影响更为深远。1415 年，葡萄牙人仗着坚船利炮，强占了摩洛哥的休达。从那时起，近代欧洲的殖民者开始对非洲进行殖民活动，但这些只是停留在非洲沿海地区，并没有深入非洲内陆。究其原因是由于非洲极端的气候条件和地理环境，让欧洲人望而却步。

非洲拥有两样自然防卫的武器，它们像双刃剑一样，一方面制约了非洲的发展，另一方面也令欧洲殖民者头疼不已。

第一样武器，叫疾病。以黄热病和疟疾最为典型，这两样疾病，让无数试图深入非洲的欧洲探险者丢掉了性命，堪称白人的坟墓。黄热病和疟疾的病毒，通常是由热带蚊虫传播的，从没有接触过这种疾病的欧洲人对它们完全没有抵抗力，一旦感染，很难痊愈，很快就会被夺走生命。

第二样武器，是险峻而复杂的内陆河网。除了尼罗河以外，刚果河、尼日尔河、塞内加尔河、赞比西河等河流，河床陡峭、水流强劲、河网纵横，这给内河航运造成了巨大困难。所以，直至 19 世纪上半叶，非洲也只有零零星星的沿海地区，被欧洲人占领和殖民。

◆ 1900 年，非洲东部地区给当地人分发奎宁

但是，随着欧洲逐步工业化，为工厂提供原材料的需求不断增长，越来越多的国家开始把非洲视作新的原料来源地和倾销它们新制造商品的市场。另外还有一个动力你可能没想到，它来自宗教。在欧洲的基督徒眼里，非洲是一整块有待传播上帝福音的新大陆。两次工业革命带来人类科技的飞速发展，这让欧洲人逐渐找到了对付非洲的办法。

19 世纪，西方化学家发现了能够对疟疾起到一定防护作用的奎宁，再加上发明了新的疫苗，热带疾病给欧洲人造成的高死亡率有效降低，非洲大陆也逐渐敞开了供欧洲人深入探索的大门。

◆ 1898 年，苏丹马赫迪派部队在哈利法・阿卜杜拉・塔希下集结

1807 年，富尔顿发明了可以在内河航行的蒸汽轮船，非洲的复杂内陆河网再也阻挡不了欧洲人肆无忌惮地闯入了。现在，欧洲的探险者、军人、传教士、商人，大可以安心乘坐蒸汽轮船，深入欧洲内陆，而后带着背包里的奎宁，去往从来不曾有外人到访的非洲村庄。

征服非洲的进程，开始以惊人的速度向前推进。从 1876 年到 1900 年，欧洲列强掀起了“瓜分非洲”的竞赛。拥有加农炮和马克沁机枪的欧洲殖民者，面对手握长矛、刀剑的非洲军队，仿佛是狮子在肆意捕捉羚羊。

1898 年，在苏丹的恩图曼，一小支英国军队带着埃及的仆从军，与苏丹军队相遇。英国人和埃及人一共有 2.6 万人，苏丹人则多达 4 万人。在冷兵器时代享有盛誉的苏丹骑兵，一轮又一轮地发起冲锋，前赴后继地倒在了机关枪、后膛步枪、加农炮的猛烈火力下。战斗结束后，英方只丧生了 40 人，苏丹大军却阵亡了 1.1 万人。

类似恩图曼战役这样的交锋，或者说屠杀，一次次在非洲大陆上演。欧洲殖民者踏过非洲人的尸体，不费吹灰之力，便征服了非洲的每一寸土地。到最后，欧洲人在非洲的最大对手，已经不再是土著居民，而是他们的欧洲邻居。

为了协调这些欧洲殖民国家彼此间的矛盾，避免自相残杀，1884 年到 1885 年，在德国宰相俾斯麦的召集下，14 个欧洲国家和美国的代表共赴柏林，举行了一场专门商谈非洲殖民事务的会议，史称“柏林会议”。

可笑的是柏林会议是为了解决非洲问题而召开的，可并没有任何一个非洲国家获准参加。在远离非洲的柏林，欧美各国代表拿着尺子，横平竖直地在非洲地图上，划定了他们各自的势力范围。这就是今天许多非洲国

◆ 瓜分非洲的柏林会议

家的版图，它呈现出与纬线、经线高度重合的现象。那不是两国之间自然形成的边界线，而是欧洲人为了自己方便，拿尺子画出来的结果。

欧洲人这种不负责任的做派，为后来的非洲留下了许多隐患。许多非洲的游牧部落，本来在不同季节会迁徙到不同地区，可是这一下，他们被阻隔在了人为划定的边界内，再也无法自由迁徙。还有一些分布在广阔地区的部族，因为欧洲人划定的国界，被强行一分为二，从此难以团聚。

柏林会议就各国在非洲的地盘做出了初步协商，还确定了欧洲各国瓜分非洲的规则：与会各国但凡占据了非洲的土地，必须分别通知其他国家；与会各国不得盲目扩张，在兼并某地之前，必须确保有足够能力维持在当地的统治。衣冠楚楚的欧美绅士们，就是以这样一种彬彬有礼的方式，野蛮地决定了非洲的命运。

英国制订了从开普敦（Cape Town）到开罗（Cairo）的“CC 计划”，试图建立纵贯非洲南北的殖民帝国；法国制订了从塞内加尔（Senegal）到索马里（Somalia）的“SS 计划”，企图建立横穿非洲东西的殖民帝国；崛起较晚的德国也制订了从东非到西南非的斜穿非洲计划；葡萄牙牢牢占据莫桑比克和安哥拉；意大利则盯紧了埃塞俄比亚。就连弹丸小国比利时，竟然也霸占了面积是本国 77 倍的刚果。

1876 年，欧洲列强仅占有非洲土地面积的 10.8%；到柏林会议结束的 1885 年，已增加到 25%；1900 年，这一数字更猛增到 90.4%。到 1912 年，整个非洲大陆已经全部被瓜分完毕，这个 3020 万平方公里，占全球陆地面积的 20.4% 的世界第二大洲，只剩下埃塞俄比亚（当时叫阿比西尼亚）和利比里亚两个国家，还保持着表面上的独立。

这两个国家为什么能逃脱欧洲列强的魔爪呢？在这里，我们不得不着重提一下埃塞俄比亚的历史。

埃塞俄比亚的前身阿克苏姆王国是历史上最古老的基督教国家之一，早在公元4世纪中叶，就已经将基督教定为国教。这个时间比古罗马的迪奥多西大帝，将基督教确立为罗马国教的时间，还要早几十年。

出于这个原因，欧洲国家对该国多少有些好感，没怎么动过它的念头，甚至向该国出售了大量先进武器。唯一试图吞并埃塞俄比亚的意大利，又是欧洲列强里建国很晚、实力相对较弱的一个，意大利军队的实力并不足以碾压同样拥有火炮、坦克的埃塞俄比亚守军。至于利比里亚，我们前面专门讲过它的故事，为什么能幸免大家应该能理解吧。除了这两个幸运的国家以外，偌大的非洲，已经被欧洲人瓜分殆尽。

19世纪末西方列强掀起了瓜分非洲的狂潮，究其原因：当时亚洲已基本上被瓜分完毕，加上美国又不允许其他国家涉足拉丁美洲，列强只好把非洲作为争夺的主要对象；非洲拥有丰富的自然资源和重要的战略地位，尤其是新兴的德国和意大利想要与老牌列强竞争，只得加紧侵略非洲的步伐；西方国家的探险家这时已基本完成了对非洲内陆地区的地理探险活动，从而为殖民者进一步深入非洲提供了可能。

总的来说，柏林会议的召开就是一次列强在非洲利益的分赃活动，这其中怎么会有尽善尽美完全平均的可能呢？分赃不均是必然的结果。没有所谓的盟友，也没有所谓的合作。

“君子淡以亲，小人甘以绝。”一场分赃不均的会议，注定埋下了一根导火索，只是没想到的是它会那么快被点燃。“一战”的前奏已经奏响，不知此刻在谈判桌上狂妄大笑的列强有没有听到。

（杨盛翔）

加勒比大海战：美国海军闪亮登场

战争的历史与人类社会的历史一样久远。在漫长的战争史中，除了我们经常听说过的陆地战，事实上海战也是最常见的形式之一。

海洋占据了地球 70% 以上的面积，人类对自然的征服，对权力的渴望，驱使着他们向海洋进发。不管是早期古希腊罗马人的海上角逐，还是后来大航海时代的到来和大规模的海权瓜分，抑或两次世界大战中各国海军的军备竞赛，这些无一不告诉我们：海军是一个国家军事实力的重要体现，要想在海洋世纪取得胜利，必须壮大海军势力。

正如今天的美国海军是维护美国全球利益的最有效力量，核动力航母编队时刻在全世界各重要海域巡航，美国拥有目前世界上最强的海军。

我们就来讲讲它的诞生，看看它是如何从一个默默无闻的“穷小子”完美逆袭成“世界首富”的。

19 世纪末，美国完成了西进运动。美洲大陆已经扩展到了极限，再往前面就是太平洋了，如果还想更进一步，那只有向海外进军了。可是当它环顾世界的时候，发现全世界都被欧洲列强瓜分殆尽了，连残羹剩菜都没有给它剩下。想要继续扩张就只能砸掉别人的饭碗。

此时欧洲列强中，最外强中干的就属西班牙了，它早已没有16世纪的辉煌成就，海外殖民地也一再收缩，只剩下古巴和菲律宾两处宝地。这两个地方物产丰富，一个就在美国的家门口，一个位于亚洲的交通要道。此时这两处殖民地因为不满西班牙人的横征暴敛，接连发生暴乱和起义。鉴于此，美国将抢夺的目标锁定在西班牙身上。

美国开始加紧备战。一方面扩建军队，特别是加强海军，建造了许多大型巡洋舰和战列舰；一方面利用媒体吹风，大肆宣扬西班牙对古巴人民的欺压，把自己的侵略战包装成正义的拯救。同时公开西班牙驻美公使攻击美总统的信件，在美国内部激起对西班牙的仇视。这样国际和国内舆论都转向支持美国开战。现在，点燃这场战争就差一根导火线了。

1898年2月，美国"缅因"号战舰访问西属古巴，不知是巧合还是故意，它恰恰在西班牙领海发生大爆炸，美国官兵260多人死亡。这对美国可是千载难逢的好机会，政府在国内开始进行大肆宣传，点燃美国民众对西班牙的敌意，当时很多年轻人都自愿加入对抗西班牙的战争中。美国政府还下令封锁古巴港口，并在周围海域布设水雷。4月24日，被逼无奈的西班牙对美国宣战，美西战争全面爆发了。

西班牙帝国虽然已经日落西山，但是面子工程做得还是十分到位。舰队非常华丽，尤其是旗舰"玛丽·特蕾莎公主"号，装饰着巨大的国徽和彩色的船篷，军旗在桅杆上高高飘扬，四处都展现着西班牙帝国的辉煌和骄傲。

船员也不知道紧张，一个个如度假一般，十分悠闲。西班牙军队的总指挥是塞维尔，他心里非常明白，自己带领的只是一支徒有其表的海军罢了。舰队虽然很漂亮，但是很多军舰连必备的火炮都没有，并且极

◆ 1898 年 4 月 12 日，美国总统麦金莱签署对西班牙的战争决议，对西班牙政府下最后通牒。

度缺少弹药。这样的军舰连风帆船队都打不过，更何况面对实力蒸蒸日上的美国呢？

尽管如此，西班牙这个纸老虎还是能吓唬人的。新兴的美国虽然如初生牛犊，但毕竟从来没打过大仗硬仗，对老牌的西班牙海军心存忌惮。

美国海军不断在海面上搜索西班牙舰队的踪迹，但是当时的侦察系统很落后，他们也缺乏海战经验，收到很多错误的信息和线报，只能像盲人摸象一样在大西洋上四处拦截。美军虽然在海面上进行了“地毯式”搜索，却还是百密一疏，让轻车熟路的西班牙舰队在塞维尔的率领下驶入了古巴的圣地亚哥港。

这个港口十分狭长，易守难攻，西班牙依据有利地形，先在入海口处布满水雷，然后加强了海岸的防御。虽然美国军力雄厚，但是由于西班牙

◆ 1898 年 4 月 30 日，西班牙一幅名为《等待敌人》的插图，描绘了美西战争的场景。

紧紧锁住了入海口，美军寸步难行，只能在水雷之外的海域徘徊，没法往前推进一步。

美军不得已，最终决定用海军陆战队从港口东边不远的关塔那摩湾强行登陆，从陆地上对圣地亚哥港形成包围之势，海战和陆战双管齐下，来个瓮中捉鳖。

反观被围困在圣地亚哥港的西班牙海军，他们其实别无选择，与其被美国海陆两军夹击覆亡，不如奋力一搏，说不定能出奇突围，获得一线生机。

塞维尔知道打赢这场战争的可能性是微乎其微的，但他还是精心部署

◆ 1898 年，在古巴关塔那摩登湾陆的美军

◆ 1898 年 7 月 3 日，西班牙塞维尔率领的舰队撤离

了战斗计划。他选择在周日上午、美军进行礼拜的时间发动突围。

7 月 3 日清晨，美国海军都在船上的礼堂里进行礼拜活动，只有“布鲁克林”号在海面上负责巡逻。突然，观察员发现一直躲在港湾内的 7 艘西班牙战舰正在全速前进，眼见就要抵达美军的防御线了。行驶在最前面的是西班牙旗舰“玛丽·特蕾莎公主”号，它像一只海上巨鲨般极速冲向“布鲁克林”号，后面的两艘驱逐舰也把火力对准“布鲁克林”号，打算把它击沉后突围。“布鲁克林”号寡不敌众，当即拉响警报，其他美国舰队匆忙前来阻截，海面上顿时响起了此起彼伏的炮声。

在美军的包围圈还未完全形成时，塞维尔心存侥幸，命令各舰全速突围，但是很快就发现自己面临着四面楚歌的境地。

数量庞大的美军舰队把这支西班牙舰队全部拦截在圣地亚哥湾内，塞维尔逃脱无望，不得不正面迎战。曾经的“无敌舰队”与新兴的“北美霸主”终于在海上正面交锋。西班牙的弱势很快暴露出来，他们没有足够的火力，无法支撑长时间作战。而美军愈战愈勇，把西班牙的舰队一步一步逼回到港湾里，塞维尔突围的希望完全破灭了。之后，西班牙舰队完全处在被动挨打的局面，最后被美军全歼。

在这场加勒比大海战中，西班牙失去的不仅仅是海上舰队，更是它对古巴的掌控权，在这之后西班牙结束了对古巴 400 年的殖民统治。战争的胜利者美国成了古巴的新主人，年轻的美国海军也快速成长起来，迈出与欧洲大国争夺海上霸权的第一步。

美西海战的获胜，只是美国大规模海外扩张的第一步。他们再也不满足于只在美洲大陆的扩张，开始往海洋探索，向世界宣告美国也将角逐世界霸权，而下一个被它挑战的又是谁呢？

（杨盛翔）

谁是文明人，谁是野蛮人：夏威夷王国并入美国

1881 年 3 月 31 日，早春的天津港，依然笼罩着一丝寒意。直隶总督李鸿章迎来了一位远道而来的贵客。这位客人长相与亚洲人相似，但是头发卷曲、肤色黝黑，他来自太平洋的中心一个四季温暖的国家。他就是夏威夷王国的国王卡拉卡瓦。

今天的夏威夷是美国的一个州，但在当时它还是一个名义上独立的主权国家。这个国家于 1795 年建国，由 132 座大小不一的海岛组成，陆地面积约 1.67 万平方公里，大致相当于半个海南岛。

卡拉卡瓦是夏威夷王国的第 7 位国王，他很受国民欢迎，被尊称为“快乐的君主”（The Merrie Monarch）。他上任后，一直在筹备一个惊人的计划。他要完成一次环球航行。

在登基后的第 8 年，这个计划终于成行了。1881 年 1 月 20 日早上 6 点，他登上一艘名叫“悉尼”号的蒸汽轮船，踏上了前往美国旧金山的航程。1 月 29 日，他抵达旧金山，不仅拜访了地方官员，还专程去往旧金山的唐人街参观。当地的华人为招待卡拉卡瓦，还专门举办了一场大型文

◆ 夏威夷国王大卫·卡拉卡瓦

艺晚会。可以想见，卡拉卡瓦应该欣赏了一些戏曲、书法之类的表演，也许还品尝了中国菜。

随后，他离开了美国西海岸，前往下一站目的地——日本和中国。

3 月 8 日，他们抵达东京。按照卡拉卡瓦的安排，此次旅行完全是一次私人性质的访问，因此，他们没有提前向日本政府发出照会。但是日本人已经借由旧金山发回的电报，提前得知卡拉卡瓦一行人到来的消息，他们为卡拉卡瓦君臣举办了一场正式的欢迎仪式。

在为期三周的访问中，卡拉卡瓦会见了明治天皇和日本政界的头号人物伊藤博文。日本政府没有因为夏威夷王国弱小而另眼相待。卡拉卡瓦受到最高规格的礼遇，先后应邀欣赏歌舞伎表演，参加国宴，检阅日本仪仗队，还被颁发了日本国的最高等勋章——“大勋位菊花章颈饰”。

表面看起来，卡拉卡瓦此次出行目的，就是为了交个朋友，吃喝玩乐。其实不然，他之所以要环游世界，还担负着救国救民的政治使命，要完成这么几项任务。

进入 19 世纪，夏威夷王国的蔗糖种植业蒸蒸日上，蔗糖种植园是劳动密集型产业，需要大量人手，但是本地的劳动力十分有限，为此，他想要招募外国的移民，前往夏威夷定居。

从 18 世纪以来，就有日本人、中国人不断迁入夏威夷，他们吃苦耐劳、性格温顺，给当地人留下了很好的印象，故而，日本和中国，就是卡拉卡瓦此行招募移民的主要对象。这就是他接连访问旧金山、日本、中国

◆ 夏威夷海港的景象

的原因之一。在国王的招募下，大量的中国人抵达夏威夷，这里竟然成为日后康有为、孙中山这些清政府的敌对派募款的主要地区，就是因为这个原因。孙中山的大哥孙眉就住在夏威夷。华人称夏威夷首府火奴鲁鲁为檀香山。

另外，作为一个隐藏在太平洋深处的岛国，夏威夷王国的文明发展极为滞后，对于世界大势并不了解。卡拉卡瓦意识到需要开眼看世界，想利用这次环球航行，观察各国的局势，学习先进的科学技术，借鉴成熟的政治经验。

第三个任务更重要。卡拉卡瓦其实已经预感到，夏威夷王国正面临亡国的危险。

夏威夷王国建国很晚，1795 年建国之后这个国家迅速发展，很快成为太平洋上最强大的岛国。到了 19 世纪上半叶，夏威夷王国国力衰落，却处于太平洋的交通要道上，野心勃勃的英国、法国、美国，开始动起了夏威夷的心思。

虽然英国最先向这里派出传教士，法国最先向这里输入民主制度，帮助夏威夷建立了议会，但距离夏威夷最近的美国，最终占得了上风。

1842 年，美国第一个承认了夏威夷王国的存在。美国这么做，并不是为了夏威夷王国自身的独立，而是为了排斥其他国家对夏威夷王国的控制。

1873 年，美国公开表示，决不允许其他国家吞并夏威夷王国，实际上是把夏威夷划为了自己的地盘。

就在美国表态的第二年，卡拉卡瓦登上王位。

卡拉卡瓦的最初设想，是把太平洋上的大小岛国团结起来，组建一个名为“波利尼西亚同盟”的国家联盟，一致对外，反抗西方殖民者。

然而，卡拉卡瓦很快发现，这一设想太难实现了。太平洋上的许多岛国刚刚走出石器时代，生产力极端落后。太平洋实在过于辽阔，实施这个计划的难度，不亚于把上海、新加坡、悉尼串联起来。以当时的交通和通信技术来说，难度可想而知。

卡拉卡瓦没有气馁，这位“快乐的君主”苦苦思索，终于制订出一个计划。

他的计划与春秋战国时期夹在晋国和楚国两个大国之间的中原小国的生存战略几乎如出一辙。他打算投靠其他大国，借助第三方的势力，制衡和对抗美国。

英国、法国已经承认美国对夏威夷的独占，荷兰、西班牙早已衰落，德国的海上力量尚且薄弱……思来想去，卡拉卡瓦把目标锁定在了日本和中国身上。

这两个国家都是亚洲大国，距离夏威夷没那么远，而且一个正推进洋务运动，一个正开展明治维新，国力都在快速上升，两国的海军实力，也都已经悄悄排到世界前十左右。

看起来，日本和中国也许是两个可以罩得住自己的大哥。

正因为如此，当看到日本政府对自己礼遇有加时，卡拉卡瓦心中的希望被点燃了。

在卡拉卡瓦的请求下，明治天皇再次秘密会见了来访的夏威夷国王。会上，卡拉卡瓦开诚布公地提出，希望能将夏威夷置于日本国的保护之下。他建议，由明治天皇出面，组建一个由亚洲各国、各民族参与的同盟，日本可以做这个同盟的领袖。他还表示，希望日本与夏威夷进行政治联姻，他愿意把自己5岁的侄女卡奥拉尼公主，许配给13岁的依仁亲王。

关于联姻的建议，天皇和日本政府双双表示了婉拒。关于组建亚洲同盟的建议，日本政府也以东方式的含蓄，礼貌地表示理解，却没有当即给出答复。

1881年3月的最后一天，卡拉卡瓦到达天津，拜会中国对外事务最有权力的直隶总督兼北洋大臣李鸿章。

4月1日，李鸿章在天津利顺德饭店设宴，款待卡拉卡瓦一行。在这座当时天津最豪华、最高档的饭店里，李鸿章大人为尊贵的来客摆上了一桌丰盛的晚宴。

用餐之余，卡拉卡瓦向李鸿章提出请求：一是希望清政府同意让更多的中国未婚女子移民夏威夷，以解决夏威夷的中国未婚男劳工的婚姻问题；二是希望取道天津，前往北京，参观闻名世界的紫禁城，面见中国的光绪皇帝和慈禧、慈安两位太后。

毋庸置疑，卡拉卡瓦的计划，是像之前在日本时那样，游说大清出面组建一个亚洲同盟，共同对抗西方势力的入侵，也借此保卫他的夏威夷王国。

那时的清朝，着实在洋务运动中展现出了难得的生机，一度有了些国泰民安的影子。19 世纪六七十年代，被历史学家称为“同光中兴”，是清朝末年一段回光返照式的好日子。

卡拉卡瓦问过日本人结盟问题，日本人保持沉默，不置可否，中国就成了卡拉卡瓦最后的希望。

关于派出中国移民，李鸿章当场表示同意。但是谈到面见皇上和太后时，李鸿章表示会认真考虑，上奏朝廷需要一段时间，要等五个礼拜，才能给国王确切答复。

4 月 6 日，卡拉卡瓦一行返回上海，打算在这里等候李鸿章的回复。然而这一次，他们的运气实在很不好。4 月 8 日，慈安太后突然殡天，从发病到去世，前后不过 24 小时。这一下子打乱了李鸿章和卡拉卡瓦的计划，卡拉卡瓦知道，忙乱的清政府一定无心安排与他的会晤，而他的出访时间又十分有限，只好带着遗憾，启程前往已沦为英国殖民地的香港。此后，卡拉卡瓦接连访问了东南亚和欧洲的主要国家，最后于 1881 年 10 月返回夏威夷。

卡拉卡瓦这次环球访问，可以说颇有成效。他见识了世界的广阔和各地区发展的不平衡。一路上，他不仅拜访了明治天皇、李鸿章、泰国国王朱拉隆功、埃及总督陶菲克帕夏、意大利国王翁贝托一世、英国维多利亚

◆ 夏威夷葡萄酒庄品酒室所挂卡拉卡瓦的照片

女王、比利时国王利奥波德二世、葡萄牙国王路易斯一世等君主和权臣，参观了日本皇宫、吉萨金字塔、美泉宫、伦敦塔，品尝了中式晚宴、法式大餐，还见到了爱迪生这样的大发明家。他邀请爱迪生用他发明的电灯技术，为檀香山设计新的街道照明系统，取代原来的煤油灯。

他也顺利推进了招募劳工和移民的计划，在他出访前后，由于夏威夷对移民采取开放政策，大批中国、日本移民，来到夏威夷谋生，形成了今天夏威夷多元文化的社会面貌。

可是，卡拉卡瓦寻找政治盟友，团结亚洲各国，共同对抗西方殖民者的尝试，却彻底失败了。1882 年，也就是他回国的第二年，日本的明治天皇发来了一封 14 页的长信，对卡拉卡瓦的结盟建议，委婉地表示了拒绝。

知道自己已无力挽救国家的卡拉卡瓦，没有放弃努力。他把希望放在

◆ 夏威夷国王的洞穴墓地

了复兴夏威夷的民族文化上。就算国家不复存在，只要文化还能延续，夏威夷的历史就不会灭亡。

整个 19 世纪 80 年代，卡拉卡瓦推动了一场被称为“第一次夏威夷文艺复兴”的民族文化复兴运动，旨在挽救濒临灭绝的本土文化。

1891 年，54 岁的卡拉卡瓦驾崩。仅仅两年后，一场由美国策划、由美国海军陆战队给予支持的政变，推翻了夏威夷王国，取而代之的是美国扶植的傀儡政权夏威夷共和国。存在 98 年的夏威夷王国，宣告灭亡。

1898 年，戊戌变法那一年，夏威夷共和国也被美国正式吞并，沦为美国的一处海外领地。1959 年，夏威夷并入美国，成为美国第 50 个州和星条旗上的第 50 颗星。

（杨盛翔）

“一战”东线坦能堡的交锋

世界在进入20世纪的最后关头，欧洲大陆的局势一直动荡不安。英、法、俄等老牌殖民帝国，已经把世界上大部分殖民地瓜分完毕。而像德国这样的新兴帝国主义国家，虽然经济发展很快，但是却没有赶上这一波殖民地瓜分浪潮，这让德国对那些有殖民地的列强分外眼红。

当然眼红的不止德国一家，还有奥匈帝国和意大利。这三个国家于1882年一拍即合，以德国为轴心，组成“三国同盟”，颇有拉帮结伙打群架的气势。

这边英国、法国、俄国也不甘示弱，针锋相对地建立起了“三国协约”。就这样，两大武装团伙建立起来，成员国都是当时实力强劲的列强，整个欧洲甚至世界开始笼罩在战争的阴霾下。战争不是来不来的问题，而是什么时候来的问题。

1914年6月28日，奥地利大公斐迪南在萨拉热窝遇刺，成了战争的导火索，一下子就点燃了埋藏已久的战争火药，三国同盟、三国协约的各大国先后宣战，一场席卷全球的大战就这样开始了。

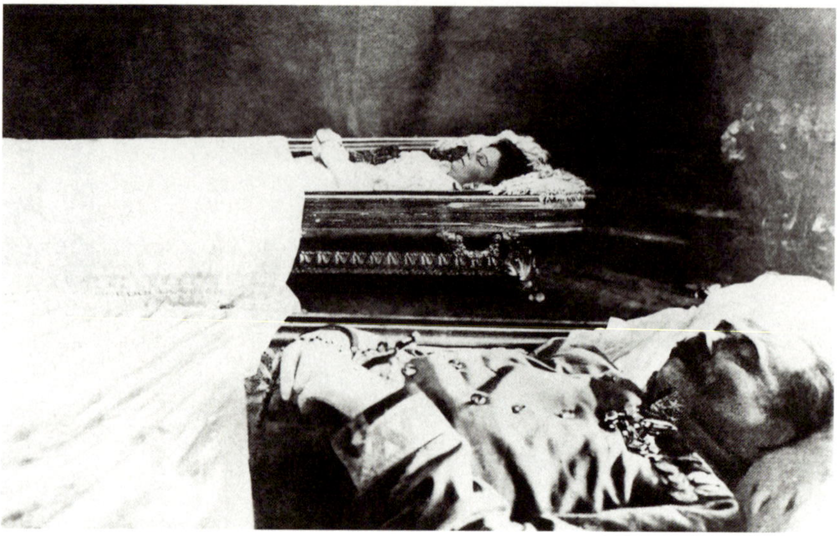

◆ 弗朗茨·费迪南大公和他的妻子索菲娅的遗体

“一战”的起因说得再明白一点，其实就是蒸蒸日上的德国不满足于现存的世界秩序，不满足于英国长期坐世界头把交椅，希望风水轮流转，自己想要当新的世界老大而挑起的战争。

看欧洲地图你会发现，德国深受地理位置之苦。它处于欧洲的中心位置，西边挨着法国，东边挨着俄国，东西边界都没有什么不可逾越的天然屏障，所以天生没有安全感。

而它的两个邻居，也都不是什么善茬，在德国完成统一之前就时不时和它有摩擦。西边的法国跟德国一直因为边界问题，特别是阿尔萨斯和洛林这两块肥肉的归属问题产生矛盾。东边的俄罗斯，在彼得大帝改革强大后就热衷于扩张地盘，无休无止。

当然，德国也不是吃素的，地理环境一定程度上也造就了一个国家人民的性格，而此时执政德国的正是好斗的容克地主集团。法、德、俄这三个心思各异的“暴脾气”国家挨在一起不说话已经火花四溅了，更何况要真刀真枪地打一仗呢。

◆ 德国天才战略家阿尔弗雷德·冯·施里芬

德国也深知自己的劣势，只要一打仗，就不得不面临东西两面作战的窘境。所以，在大战还没有开始的时候，德军总参谋长施里芬伯爵就做了两线作战的战略。

由于俄罗斯核心地区距离德国比较远，军事动员和铁路运输效率又低，施里芬伯爵估算了一下，俄国从战略准备到战略进攻大概需要六周时间，而法国距离德国很近。于是施里芬计划在开战初期把德国主力部队部署在西边与法国交界的地方，确保六周内闪电打垮法国后，再通过国内发达的铁路网把士兵运到东边，等着俄罗斯来攻。说白了，这个战略就是打个时间差。利用俄国人调度兵力的时间，先解决西边法国，再解决东边俄国。

在实际战争中，德国也正是按照施里芬的计划部署兵力的。他们先在西边集中大量的兵力，东边只有第八集团军的 21 万士兵，相当于西边的八分之一。

看到德国大兵压境，法国着急了。它一面同英国协调兵力，一面跟俄国协商，让俄国派兵去东线，缓解西线的压力。法国深知，俄国加入协约国的目标在于想打奥匈帝国的主意，就许诺俄国，只要打败德国，俄国就可以得到他们想要的土地。

可能法国的承诺真的见效了，俄国从战争动员到集结 40 万人的两个集团的兵力抵达东线战场只用了两周的时间，这完全出乎德国人意料，比施里芬计划的早了整整一个月，德国不得不面对之前最担心的两线同时作战的问题了。

俄国虽然调兵神速，不过有得必有失，结果战争准备不足。首先在用人上犯了大忌。俄军第一、第二集团军分别由伦南坎普夫和萨姆索诺夫率领，这两位，我们权且一个叫阿伦，一个叫阿萨吧。

两位将领虽然战争经验丰富，但两个人之间关系却十分恶劣。日俄战争时期，两人曾在沈阳火车站因战略问题大打出手。让他俩配合参战，别先自己打起来才好呢。

俄方两个集团军到达东普鲁士边境，分别从波兰东南部的马祖里湖区的南北两面向西进军。俄军的作战计划是分兵进击，先用第二军牵制住德军的主力，然后第一军从南线攻打德军的右翼。

不过这种打法，恰恰迎合了德军的心思。由于兵力有限，德国人无法两边同时作战，只能发挥机动优势兵力，各个击破，先集中力量攻打力量较弱的一支队伍，再利用发达的铁路网迅速转移兵力，消灭另一支俄军的力量。

1914 年 8 月 17 日，从马祖里湖北面进军的俄国第二军率先跨过了边境线，德军击退了俄国第二军的进攻。但是北线这次胜利，并没有为以后的战斗赢得时间，德军在中线和南线跟俄军交手并不顺利。因此，德军东线的总司令决定不跟俄国正面硬刚，放弃整个东普鲁士地区，进行战略撤退。

当德军总参谋部得知东线准备消极撤退时，简直暴跳如雷。虽然中线和南线打起来困难，但是德国并非完全没有胜算。这时候，德军做了一个冒险决定，阵前易将，撤掉了指挥官。任命老将兴登堡为总司令，以经验丰富的鲁登道夫为参谋长，势必要收回德国在东普鲁士的势力范围。

最后证明，这次换将的决定是对的，正是这次临阵易将，为德国军事史创造了一次以少胜多的神话。

◆ 兴登堡的海报

兴登堡和鲁登道夫刚一到任，就收到截获的俄军情报。俄军是怎么部署的呢？由阿萨的第二集团军负责主攻德军的右翼和后方，阿伦的第一集团直攻德军的左翼，把德军先围困，再歼灭。

兴登堡决定仍然使用之前分化打击的方法，先诱惑俄第二军深入德军内部，消灭它之后再击溃俄国第一军的力量。8 月 25 日，鲁登道夫做好了详细的进攻计划，让将军弗朗索瓦（我们叫他小弗吧）负责进攻俄第二军的左翼。小弗这个人非常有个性，并不听鲁登道夫的指挥，他提条件说必须在炮兵打了头阵以后，他才会派兵出发。鲁登道夫拿小弗没有办法，只能派炮兵过来，眼睁睁地看着他浪费两天的宝贵时间。

27 日，炮兵终于运到前线，小弗立即发起了猛烈的进攻。果真是磨刀不误砍柴工，有了炮兵的火力加持，德军如虎添翼，很快就把阿萨的俄第二军左翼打得七零八落。同时，俄军的右翼也面临节节败退的局面，只有中线进攻比较顺利，已经深入德军内部了。可阿萨没有意识到，他已经一步步地进入鲁登道夫设计的圈套里。

28 日，德军继续进攻。鲁登道夫认为到了可以收缩战线的时候了，

◆ 坦能堡地区的秋色

他要把阿萨的军团逐渐包围起来，关门打狗。俄军总司令直到下午才意识到德军的策略是诱敌深入然后关门围歼。俄军总司令一连发出几封电报催促阿伦火速救援阿萨。可能因为这两个人结的梁子太深了，阿伦没有给予任何支援。当阿萨发现自己被德军四面包围时，已经深陷其中无法逃脱了。夜幕降临之际，走投无路的阿萨在一片小树林里开枪自杀了。

见死不救的阿伦自己的日子也不好过，他的俄一军很快步阿萨的后尘，短短几天后被彻底赶出德国国境。

在兵力占据绝对优势，且对手德军两线作战的情况下，俄军惨败。在这次战斗中，俄军有 5 万人死亡，9 万人被俘虏，而德军仅仅 5000 人死亡，7000 人负伤。因战场临近坦能堡村附近，所以这次战役史称“坦能堡战役”。

巧合的是约 500 年前，正是在坦能堡，俄罗斯、波兰联军曾击败日耳曼的条顿骑士团。因此，坦能堡战役也被德国的民族主义者看作为条顿骑士团的复仇之战。

1934 年，“坦能堡战役”的主帅兴登堡去世，他被安葬在这片他获胜的土地上。也许，相较后来的总统身份，兴登堡更适合也更喜欢被称为军人。不过，正是身为总统的兴登堡，在 1933 年任命希特勒为总理。这一任命对德国对世界影响都很大。

（胡晔）

第一次会战 “一战”西线马恩河

第一次世界大战初期，德国作战总司令小毛奇一直按照“施里芬计划”行事，进行以西线为主的战略部署，采取速战速决的战斗方式。由于在战斗初期，士兵们的士气高昂，德国的这种闪电战的做法还十分奏效。

1914 年 8 月，德法两军在经过法国边境之战后，法国的第四、第五集团军和英国远征军撤退到马恩河以南，在巴黎至凡尔登一线布防。

德军在占领比利时以后，五个集团军近百万人马，像一把镰刀，从比利时斜插入法国。走在最右边的是克鲁克指挥的德国第一集团军，约 30 万人。第一集团军被视为德军右翼的主力和向巴黎进军的主攻部队。他们杀开了一条近 130 公里宽的地带，浩浩荡荡向巴黎方向挺进。

随着德军滚滚南下，巴黎像一条巨大的堤岸，隐约出现在他们面前。德军进展神速，9 月 2 日，克鲁克带领的第一集团军已经挺进到距离巴黎只有 24 公里的地方了。德军即将席卷巴黎的姿态让法国首都陷入一片慌乱，法国政府也迁往波尔多。

此时驻守巴黎的是霞飞将军。霞飞将军有个绰号叫“迟钝将军”，顾名思义，他生活懒散，是个不折不扣的慢性子。换个角度看，他也是个大敌当前却临危不乱的人。尽管巴黎此时已经危如累卵，霞飞还是过着悠闲自得的生活，好像看不出敌方已经兵临城下的危机。

◆ 法国军事统帅霞飞将军

霞飞将军不慌不忙地组调了第六集团军，命毛奴里将军担任司令，阻拦风头正强的克鲁克，以防巴黎失守。

他在马恩河沿线布置了5个集团军，新筹备的第九集团军也正在赶来的路上，马恩河战线对巴黎来说意义重大，霞飞必须守住底线。他派老将加利埃尼元帅任巴黎的卫戍司令，并给予他调遣第六集团军的权力。加利埃尼并没有直接率军迎战德国，而是不停地加固巴黎守卫，在城外布置地雷和炸药。他还命令士兵在城内的草地和广场上放养大批牲畜，以防止德军采取包围战术，城内会因为缺少粮食而投降。

与德国的闪击战相反，法国做的是长期抵抗的准备。法军以总司令霞飞为代表，似乎没有人把德军速战速决的计划放在眼里。

反观德国人这边，克鲁克很好地贯彻了德军闪电进军的宗旨，不惜一切代价对法军发动猛烈的追击和围剿。

最初，这种方法非常有效，法军节节败退，德军在一天之内就将战线向前推进了一大截，这更助长了克鲁克的自信心。

他没有执行从西边进攻巴黎的计划，甚至还逐渐偏离了行军路线，向巴黎东侧进攻。激进的克鲁克与战友比罗也不配合，他只是自顾自地穷追

◆ 1914 年，马恩河战役开始前，法国军队用坦克运输物资

猛打，不跟比罗保持一致的步伐，对上级要求他暂缓追击的命令也充耳不闻。

虽然克鲁克的推进速度很快，但是他的士兵们连续多日没有得到充分的休息，后勤部队也跟不上他的速度，很多士兵只能饿着肚子赶路。这就跟法军形成强烈的对比。当时法国的士兵们正在巴黎城内享受美味的牛肉，而克鲁克的士兵只能用路边的野菜充饥。这个后果非常严重，由于士兵们筋疲力尽，他们越来越没有效率，只是不断地将战线向前推进，但是既没有俘获士兵也没有缴获军火。而不断的前进反而让自己的侧翼暴露在法军的监视下，让自己处于危险之中。尽管这样，克鲁克还是不愿意停下来等待第二集团军。

实际上，克鲁克的行动就是德国速战速决计划的一个缩影。“施里芬计划”看似可行，但是在执行过程中有太多不确定的因素。在通信技术还不完善的时代，想要打一场配合无间的大规模闪电战无异于痴人说梦，克鲁克军团后来一败涂地的结局，就是最佳证明。

虽然德军看起来气势汹汹，实际上他们战线拉得太长，而且当时的通信技术不好，导致德军的几个集团军处于各自为政的局面，这也让后来的德军全线进攻步调不一致。

就在德军势如破竹的时候，法军也并非完全无动于衷，冷静的霞飞将军正在等待一个恰当的出兵时间。9 月 4 日，也就是克鲁克挺进巴黎的第二天，加利埃尼就向霞飞将军提出要进攻克鲁克的右翼，但是霞飞没有答应，加利埃尼只能让法军先提高警惕，时刻准备出兵。霞飞并不是想错过这个机会，而是他认为要等第九集团的援军到达后才可以出击，这样作战才能万无一失。他选择等一天，然后再发动全线反击。

如果说法国的将军们不急不躁的话，那英国将军简直是太“慢性子”了。当霞飞将军向英国联军提出 6 日反攻德国时，英军总司令弗伦奇直接拒绝了他，理由是时机不到。霞飞只能亲自前往英军的大本营，劝说英国出兵，弗伦奇终于同意与法国同步出兵。

5 日清晨，法军开始了局部反攻。第六集团军毛奴里司令向德军第一集团军的右后翼发起进攻，克鲁克只能将左翼的力量抽调到右翼进行防守。由于前两天克鲁克火速前进，导致他跟比罗的第二集团军距离已经相隔很远，此时又临时抽调左翼军力去右翼，导致两个集团军之间出现了很大的缺口。霞飞把一切都看在眼里，他认为只要突破这里就可以瓦解德军西线的全部军事力量。可是，此时法国第六集团军和德国的第一集团军正打得不可开交，法军暂时没有多余的力量冲击德军的缺口。

为了快速突袭德军战线的力量，加利埃尼利用巴黎城内的 600 辆出

◆ 德国“施里芬计划”的主持者赫尔穆特·冯·毛奇

租车队“打车”把一个师的力量火速运到战场，这就是著名的“马恩河出租车队”。

6日，法军发动了全面反攻，毛奴里的第六集团军继续跟克鲁克纠缠，法军第五集团军转守为攻，一边协助第六集团军应对克鲁克，一边牵制德军比罗的第二集团军。同时，法军第九集团军抵达马恩河战线的中部，与驻守在这里的第四集团军共同迎战德国的第三、四集团军。

此时，法军一改往日散漫的作战风格，他们快速行军，甚至比之前的德军还要快，仅用了一个上午的时间就打得德军手忙脚乱。两军的对抗战一直进行到8日，这一天英国开始派兵出击，使德军遭到了毁灭性的一击。英军司令弗伦奇亲自带兵攻入德军西部战线的缺口，直捣德军第一、二集团军的核心部位，在这样的打击下，德军第二集团军开始后退，给前线造成了更大的缺口。英法联军以压倒性的优势扑向德军阵营。

第二天，德军总参谋小毛奇认为此战已经无力回天，他下令德军全线撤退，不必再做无谓的抵抗。

9月11日，协约国以26万人死伤的代价取得了此次会战的胜利，德国也损失了22万的兵力。协约国这默契的配合、缜密的部署和灵活的战略粉碎了德军闪电战夺取法国的计划，给骄傲的德国人当头泼了冷水。从此，西线进入了战略相持阶段，法国始终牵制着德国第一次世界大战期间的大部分军事力量。

◆ 1918 年，第二次马恩河战役，法军埋伏在马恩河附近一座教堂的废墟

这场战役充分暴露了德军指挥将领的问题，凭借后台关系上位的德军总参谋小毛奇没有亲临战场，他在遥控指挥无效、西线战事告急的情况下还调走部分力量支援东线战役，结果因为路途遥远，这支援军也没有在东线发挥作用。德皇在战后立刻撤掉了小毛奇。

第一次马恩河会战扭转了西线的战局。四年后，德军又一次发动了马恩河进攻战，这是德国在西线发动的最后一场大规模战役。

与第一次会战被动挨打的局面不同，由法国率领的联盟军做足了战前准备。尽管火力不如德军猛烈，但联军适时出击，攻破了德军的第一道防线，阻止德军前进，使德军陷入了进退两难的尴尬局面中。此后，法军逐步推进战线。1918 年 8 月初，此时的德国已经处于即将崩溃的临界点，不出 10 天，德军就将被彻底击败，联军赢得了西线战场的第二次胜利。当然，这都是后话了。

（胡晔）

凡尔登战役：战场成为绞肉机

1916 年，第一次世界大战进入第三个年头。

一切并没有像德国预想的那样速战速决。随着“施里芬计划”的破产，德国不得不重新进行战略部署，他们将战略重点转向西线，计划对法国采取战略猛攻，而对东线的俄国则进行战略防御。

当时的德军总参谋长是法金汉，他计划进攻一处法国必争的军事要地，让法国在那里投入全部的兵力，然后加以歼灭，使法国在军事上崩溃，从而逼迫其投降。法金汉公开叫嚣：“要让法国把血流干！”

法金汉把进攻地点选在法德边境的凡尔登，这里是普法战争后法国最北部的一个要塞。它像匕首一样深入德国境内，一直是德国的心腹大患。

此外，凡尔登距离巴黎很近，是巴黎北部的一扇大门。如果德军成功占领凡尔登，这里将会是他们下一步进攻计划的一块高质量的跳板。他们可以通过凡尔登顺利进入巴黎，占领了巴黎，法国当然就会不攻自灭了，剩下的英、俄两军也就不足为惧了。

德皇威廉二世很重视这个计划，他派皇太子亲率第五集团军执行任务。皇太子带领的这支队伍装备了大量新式武器，包括大量飞机、喷火器和毒气弹。与之前的战役相比，这些武器装备是一次巨大的进步，这支队伍也占据了德国西线总兵力的一半。

1916年1月，法金汉就悄悄地向凡尔登附近集结部队，他始终没有露出一丝风声。相反，他向外透露自己即将进攻香贝尼要塞，他还向香贝尼派出先锋队，在附近草地上安营扎寨，声势之大仿佛有数个军团将要进攻香贝尼。这种声东击西的做法成功吊起了法国霞飞将军的胃口，霞飞将军信以为真，向香贝尼派去了大量援兵。结果，香贝尼的法国士兵直到2月也没有等到德军，反而是凡尔登地区的守军看到了德军出现的迹象。

2月21日这天，仅有两个师的法军驻守在凡尔登，就在这一天，德军开始对凡尔登进行轰炸。

从早上7点开始，德军炮兵在宽40公里的地面上同时实施炮击，德军的炮群以每小时10万发以上的密度向法军阵地倾泻炮弹，在这样的枪林弹雨中，凡尔登战役拉开了序幕。

这次炮击持续了12个小时，有200多万发炮弹和燃烧弹密密麻麻地落在凡尔登周围23公里左右的三角地带。德国航空兵首次对法国阵地实施轰炸，摧毁部分防御阵地，力图在法军前沿阵地造成一个“死亡地带”，让德国士兵踏着死尸前进。

由于法国在凡尔登的守兵较少，再加上德军炮火的猛烈加持，在开战当天德军就轻而易举地占领了第一线阵地。接下来，德军又用这种打法猛攻四天，退却的法军没能保住都奥蒙堡垒这个关键阵地。

这对法军来说可是致命的，凡尔登和整个法国的命运都处在千钧一发的危险境地。霞飞将军决心调集一切可以动用的陆军和空军部队，准备在凡尔登地区同德军决战。他要让凡尔登向锚一样钉在战线上，以此显示法国坚强的决心。

在凡尔登岌岌可危的情况下，60 岁的法国陆军元帅贝当临危受命，德军进攻四天后，他连夜赶到了凡尔登。贝当首先建立了一条督战线，凡是退过督战线的人格杀勿论，并且下令：宁可牺牲自己，也不丢失一寸土地。

贝当仔细观察战场的情况后认为，这不仅是一场阵地战，还将变成一场消耗战和拉锯战，所以法军必须有一条安全稳定的运输线。他没有急着反攻德军的进攻，而是在加强防守后把战略重点转移到阵地后线。

当时所有的公路和铁路交通线都被切断，凡尔登和法国后方的唯一联系是一条通向巴勒迪克的 64 公里长的二等小公路。贝当组织了近 4000 辆卡车，通过这条小路昼夜不停地运输士兵和物资，这是世界战争史上首次大规模使用汽车进行军事物资的运输。

最初很多人怀疑贝当不分轻重，但是在德国炮弹消耗过快、后备物资“青黄不接”的时候，贝当司令的做法终于得到所有人的认同。凡尔登—巴勒迪克公路为战争中的法国注入新鲜血液，对凡尔登战役的胜利做出了巨大贡献，因此被法国人称为“圣路”。从此，后勤保障成为决定战争胜负的必要条件之一。

德军总参谋法金汉做梦也没有想到在短短一周之内，法国居然依靠公路优势，运送这么多援军过来。一方面是吃惊，一方面也是暗自高兴，因为这是他希望的，他就是要法国把所有兵力集中在这里，让他们流尽鲜血。贝当也紧张部署，他命令增援部队马上修补战壕，安放大炮，准备迎

◆ 1916 年，凡尔登战役中，德军士兵离开战壕，准备进攻。

击德军。

凡尔登战役开战之初，德国拔得头筹，强势开战；法国先守不攻，做好了长期对敌的准备。法德两国将越来越多的增援部队和弹药源源不断地投入战场，同时越来越多的满载伤员的火车从这里驶出。凡尔登战役已经成为法德之间一场实力与军队荣誉的考验。

3 月 6 日，德军发起了第二轮火力攻击，战争进入白热化阶段。

由于法军巩固了右侧的防线，德军便把突破重点放到马斯河西岸的几处高地上。接下来的一个月内，德军轮番攻击左右两侧的战线。但是贝当下令要夺回失去的每一寸土地，阻止德军的进攻。法军实施快速轮换，接替在战斗中精疲力竭的部队。此后的战争中，法军的战斗口号是：“绝不

◆ 凡尔登战役中，法军准备进攻。

让他们从这里通过。”

激战到 4 月，法军的兵力已经与德军相当，德国人急了，首次使用了毒气弹。德军踩着一摞一摞的尸体，终于夺取了马斯河西岸的“死人”区和 304 高地。法军在“死人”区战场的牺牲非常惨重，四处都是毒气弹的余味和腐烂的尸臭味，随着战事的扩大，这种味道在马斯河沿岸持久不散，使这一地带成为名副其实的人间地狱。

尽管法军损失惨重，却丝毫没有放弃战斗的意思，他们决定做最后的搏斗。5 月 8 日，发生了一件意外。

这天，一个粗心大意的法国炮兵在装置标尺的时候搞错了方向，炮弹向战场的一端射了出去，结果直接飞进了德军大本营的东侧。他本以为这只是一发失败的炮弹，但是没想到它居然歪打正着地击中了德军的火药库，这是德军高度机密的地方。顿时，德军阵营内响起了不绝于耳的爆炸声，火光喷射堪比日光，这是第一次世界大战期间最大规模的爆炸。

前线的德军士兵们都慌了神，法军趁此机会急攻德军前线，把德军的战线向后推移了几公里。火药库爆炸把德军东阵营变成了一片焦土，地面上坑坑洼洼淤满了泥土，导致火炮很难前进，严重拖慢了德军接下来的进程。但这并不是最糟糕的，德军前线火药消耗很快，弹药库爆炸以后，德军即将面临极度缺乏火力的局面。

6 月开始，德军发起了对沃克斯村的进攻。他们先包围了沃克斯，然后在外围堆满了炸药，打算一步步地炸毁要塞。此处的法军首领纳尔雷做出了英勇的抵抗，但是他认为不应该让士兵与这里共存亡，所以他选择了弃城投降。

之后，德军继续向前推进，把大量氯气弹和催泪瓦斯投向苏伊要塞，毒气弹虽然没有火炮攻城威力大，但是瓦解了法军士兵的战斗力和抵抗力，德军又取得了进一步的胜利。就在这时，法军总指挥部派出炮兵将军内维尔抵达凡尔登前线，为法军镇守苏伊要塞注入了一股强大的力量。

半年来，德军已经在凡尔登消耗了大量兵力和物力，但是几乎没有取得任何效果。7 月，协约国在索姆河向德军发起了进攻，德军不得不抽调凡尔登的兵力应对，这又增加了进攻凡尔登的难度。

德军总司令兴登堡认为法金汉的能力有限，他让老将鲁登道夫代替其职位，但是这并没有挽救德军在凡尔登的局势。10 月，鲁登道夫在新兴大口径火炮的掩护下，又挥军向凡尔登发起了几轮进攻，唯一的结果是在死亡名单上增加了长长的名字。

此后，法军发动了全线反攻，基本收回被德军占领的失地，维护了凡

◆ 纪念凡尔登战役的塑像

◆ 埋葬着 13 万名阵亡的法军和德军士兵的杜奥蒙公墓

尔登地区的领土主权，使德军对法国第二次速战速决计划彻底失败。

凡尔登战役后来被历史学者称为“绞肉机”，德法两方共计在这场战役中的伤亡人数几乎达到 100 万人，这是当时世界上伤亡人数最多的一次战役。

直到今天，凡尔登附近还可以看到当年炮弹留下的坑面，凹凸不平的土地无言地展示着那次会战的惨烈，以及战争给人类带来的永久性伤害。

（胡晔）

文明的故事

战争的延续

THE STORY of CIVILIZATION

双赢的选择：由列宁亲自批准的美苏间第一笔贸易

历史的车轮承载着人类前所未有的期待驶进20世纪，当时的人们有理由期待，自此以后世界将一帆风顺。然而世纪初的一场世界大战，让踌躇满志的人们手足无措，悲观至极。

“一战”后百废待兴之时，紧接而来的却是革命风起云涌，经济危机席卷全球，继而爆发了第二次世界大战。19世纪，英国是世界的绝对主角，但20世纪的历史大戏中，新人美国、配角俄国、“大反派”德国，通过自身“实力”轮番抢镜上位。

美国、德国我们讲过不少，本章来讲讲俄国，尤其是“一战”后的俄国。

1921年初夏的一天，饱经“一战”折磨的苏俄大地刚刚恢复了平静。在乌拉尔地区中南部的一条山间公路上，战争给苏俄带来的创伤仍然随处可见。时不时就会在路边发现已经损坏的马车，或者是被遗弃的工事。路旁的白桦树下，阳光透过绿油油的叶子影影绰绰地洒在一辆小轿车的外壳上。

这辆汽车看起来非常陈旧，整辆车的下半截几乎被泥泞的黑土染成了棕黑色。但是，从车头悬挂的车牌来看，依然能认出这是一辆属于当地苏维埃政府的汽车。这辆汽车四门大开，前排坐着一名穿帆布军装的司机，一名中年人和一名小伙子正在后座休息。

留着八字胡的司机是名退伍老兵，他一边用自己兜里的烟纸卷着马合烟，一边从后视镜瞅了一眼后座的那两人，不耐烦地轻声嗤了一声。原来，后面年轻的那位是来自美国参观团中的一员，中年人则是苏维埃政府指派给他的联络官。

前几年，美国还与新生的苏俄政权兵刃相向，这仗刚一打完就来参观考察。司机不满地发着牢骚："真是资本家的嘴脸啊，再说，大老远的不在城里好好待着，没事跑乡下来干什么啊？"

司机没想到，这年轻人可不简单。他叫阿曼德·哈默，虽然年仅23岁，略显青涩，但极富商业头脑，三年以前就白手起家成为百万富翁。

哈默此次苏俄之行有两个目的：一个为义，一个为利。

他的一个目的是为了了却父亲的心愿。他的父亲老哈默是美国共产党的创始人之一,一直非常关注苏俄的革命事业，希望有朝一日能够亲身前往实行社会主义的崭新国度。

在俄国十月革命后，美国曾与英、法、日列强派兵干涉俄国内战，并在内战结束后，对苏俄实行强硬的经济封锁。说到这里，你就明白为何司机对美国人不满了。当时，老哈默出于对苏俄的同情，曾经向战时被封锁的布尔什维克政权提供过药品和补给，但却因此惹上了官司，被判入狱。作为儿子，小哈默来苏俄也算是代替父亲来看一看这个国度，一了夙愿。

但除了这个，他也有自己的想法，他想来考察一下苏联正在实施的新经济政策，看看在这片广袤的土地上是否有商机可寻。

此时的苏俄，在经历了四年的世界大战和将近三年的国内战争后，经济处于崩溃的边缘。据统计，仅仅在十月革命后的几年内，苏俄就因各种原因损失了多达 2000 万人口，另外还有 200 万人流亡到国外。

从总体上看，苏维埃俄国的经济水平倒退了数十年。由于缺乏燃料和工业原料，大部分企业都无法开工。农业的损失也很严重。在国内战争结束后的第一年，1920 年，全国农业产值仅相当于战前的六成，农作物收成更是减少到原来的四成不到，到处都是被抛荒的农田和倒毙的牲口。就连在以往被称为"欧洲谷仓"的乌克兰地区，农民的歉收也已经成为寻常现象。农业歉收随之引发了全俄范围的饥荒。

另外这里还有一个背景需要补充一下。在战时，为了保证前线的需要，苏维埃政府曾经紧急实施了一系列经济政策，目的是确保军队与主要城市能够得到足够的补给和粮食。为此，苏俄政府实行统一调配的政策，强行征收农民手中除了口粮以外的所有剩余粮食，还将所有大中型企业收归国有，并掌握一切企业的贸易活动。

但是，在战争结束后的相当一段长时间之中，苏俄政府并没有取消之前的经济政策，反而进一步加强对资源和经济的控制。事实证明，严格的管制不仅不利于经济的恢复，反而会造成整个社会的混乱，甚至是暴动、罢工和叛乱。

◆ 1987 年发行的邮票，展示 1917 年列宁研究对策的场景

为了稳定社会局势，更为了恢复苏俄脆弱的经济，列宁为首的布尔什维克们决定推行新经济政策。

所谓新经济政策，简

言之，就是政府停止对资源和粮食的集中与控制，恢复市场交易。此外，还包括取消中小手工企业的国有化，给予企业一定的经营自主权，允许外国资本和私人资本租赁国有企业经营等内容。

而正是"允许外国资本家在苏俄境内投资"这一条让哈默产生了强烈的兴趣，他觉得这里潜藏着巨大的商机，必须来这里亲自考察一番。

一个月之前，哈默突破美国当局的阻碍，来到了苏俄大地。他是如此渴望了解这片神秘的土地，以至于在抵达苏俄的第二天就开始了自己的旅行。旅行的过程漫长而复杂。在俄罗斯广袤的土地上，哈默目睹了彼得格勒和莫斯科在实行新经济政策后的繁华与活力，亲身感受到苏俄人民重建家园的热情与信心。同时，他也了解到俄罗斯空有丰富的煤炭、矿藏、毛皮和宝石却卖不出去，而粮食又严重短缺的窘况。

一路上，哈默一直在思考既能缓解苏俄粮食短缺，又能充分利用闲置资源的两全之计。随着旅途的深入，一个好点子逐渐在他的脑海中成型了。

正是在这次再寻常不过的路边休息之中，哈默不停转动的脑海中浮现出了一个可以两全其美的点子。想到这里，哈默突然睁开了眼睛，叫醒了他身旁的中年人：

"我说老伙计，我突然有了这样一个想法，既能够让我赚一大笔，又能缓解令你们政府焦头烂额的粮食短缺问题，你好好听着。美国现在粮食大丰收，小麦产量过剩，我可以在美国购买价值 100 万美元的小麦，再将这些小麦运往俄罗斯，用来换你们的毛皮和其他货物。这样岂不是一举两得？但是以前没有这样的交易，你得去问问你们的头行不行。"

联络官也感觉这是一个不错的主意，于是在当天下午就汇报给了上级组织。

◆ 莫斯科街头国有商店

哈默的意见得到了苏俄共产党最高层的重视，列宁亲自回电表示认可这笔交易，还热情地邀请哈默前往莫斯科与他面谈。

在前往克里姆林宫的路上，哈默显得有些紧张。虽然哈默是一位事业有成的商人，但是对于一位二十岁出头的年轻人来说，第一次与一位传奇性的政治领袖会面还是会让人感到忐忑。

哈默刚一进办公室，列宁就从办公桌后站起来热情地用英语对他说道：

“你好啊我的美国朋友！欢迎来到克里姆林宫！”

虽然列宁的英语带有一些口音，但是哈默仍然倍感惊喜与温暖。

寒暄之后，列宁从办公桌的抽屉里拿出一份文件夹递给哈默，哈默欣喜地发现，这正是一份已经拟订好了的，用毛皮和其他矿物交换美国小麦的合同。列宁拍了拍哈默的肩膀，用和蔼的口气说道：

“年轻人，谢谢你帮我们这样一个大忙，这样的贸易对于我们双方都有好处，我们一定会合作愉快的。”

同年10月，哈默又获得了开采石棉矿的特许权，这是苏俄政府给予外国人的第一份特许权的合同。后来，哈默组建了美国联合公司专门经营对苏俄的贸易。就这样，美苏之间的易货贸易在两国尚未建交时就已经顺利开始了。

放在今天看来，用小麦换矿产的买卖，听起来似乎哈默赚得更多，但对于当时粮食紧缺的苏俄来说，这是一个双赢的买卖。这项略带政治色彩的商业合作，为美苏两个世界大国正常关系的恢复开启了一扇窗户，也为苏联冲破资本主义国家的封锁创造了极为有利的政治和经济条件。

◆ 福特汽车创始人亨利·福特

哈默还曾劝说大资本家亨利·福特，到俄国开办企业。这个坚决反共的老头子，终于听从了哈默的建议，在苏俄经销福特汽车和拖拉机。福特一开先例，其他的公司也一拥而上。后来，老福特还在俄国修建了一个汽车工厂。尽管他一向与布尔什维主义为敌，却对这笔生意颇为满意。因为苏维埃政府按照列宁的新经济政策，保证了外国商人有利可图，有钱可赚。可以说如果没有哈默，苏俄要想打破西方列强的封锁恐怕要耗费更多的时间和资源。

总的来说，哈默和福特在苏俄的成功是新经济政策的成功，它使苏维埃国家的经济顺利恢复起来，成功进入社会主义建设时期。1922 年 12 月，苏维埃社会主义共和国联盟（简称“苏联”）成立，制定了第一部宪法。至此，第一个社会主义国家终于在世界上站稳了脚跟。

（韩毅）

不是冤家不聚首：罗斯福与希特勒同年上台

1904年，38岁的孙中山前往美国联络当地的华人华侨。秋天，在美国东海岸的波士顿，孙中山见到了美国华人中的一位重量级人物司徒美堂。

这位司徒美堂是谁呢？他就是今天中国民主党派致公党的创始人。致公党的前身是成员遍布海内外的洪门。当时，司徒美堂是洪门的大佬级人物。

孙中山见到他时，他刚刚在波士顿创立洪门的重要分支——安良堂。“安良”二字，意指“锄强扶弱，除暴安良”。在送走孙中山之后，1905年，司徒美堂又来到美国第一大城市纽约，成立了安良堂的总堂。

美国是一个离开法律寸步难行的国家，新成立的安良总堂，要在纽约立足，首先便要聘请法律顾问。

司徒美堂的朋友向他引荐了一名年轻人。这个年仅23岁的小伙子，生得高大英俊、仪表不凡。他自小受过良好教育，长大后先是到哈佛大学攻读历史学、政治学，接着又去哥伦比亚大学学习法律，来到安良总堂工作的这一年，他虽然还没有毕业，未来前途却已经一片光明。

◆ 司徒美堂塑像

这个年轻人的名字，叫富兰克林·罗斯福，也叫小罗斯福。

就在来安良总堂工作的 1905 年，罗斯福结婚了，他的妻子是他远房堂叔的侄女。这位远房堂叔，是时任美国总统西奥多·罗斯福，也叫老罗斯福。

美国人民曾经把他们最喜爱的 4 位总统的头像，刻到南达科他州的一座山上，人称“总统山”，现在是美国的重要景点。这 4 位总统中的前 3 位，分别是开国元勋华盛顿、“独立宣言”起草人杰斐逊、解放黑奴的林肯，第 4 位，就是 42 岁便当上总统的老罗斯福。

当然之所以如此，是因为总统山竣工于 1937 年，如果工程的进度再延后 10 年，老罗斯福的这位堂侄、美国历史上唯一连任四届总统的富兰克林·罗斯福，必然会在民众的点赞和欢呼中，登上不朽的总统山。

1905 年的春夏之交，供职于安良总堂的罗斯福，刚刚度完蜜月，开始立下从政的决心。

不过，罗斯福可能不会知道，就在他任安良总堂法律顾问的时候，在大洋彼岸的欧洲大陆，有一个当时还默默无闻的德意志青年，也萌生了在政治上有所作为的野心。

这个年轻人当时才 16 岁，还在读中学。后来他在自传中写道，那时，

◆ 富兰克林·罗斯福

自己突然对德意志民族的历史产生了极大兴趣，成为一个狂热的德意志民族主义者。此前喜欢绘画的他，开始频频光顾图书馆、博物馆，不知疲倦地读起了历史著作。

这个年轻人的名字，叫阿道夫·希特勒。

希特勒的成长经历与大自己7岁的罗斯福相比，有天壤之别。

罗斯福生在纽约，出身名门，家族中不乏政界和商界的精英。他父亲是铁路系统的高官，拥有专用的火车车厢。罗斯福5岁时，有一次，父亲带他去见一个好友，而那个好友就是时任美国总统克利夫兰。

会见完毕，在送别他们父子时，总统曾把手按在他的头上，对他说："我的小朋友，我要向你表达一个奇怪的祝愿，祝愿你永远别当美国总统。"

克利夫兰总统想不到的是，这个满头金发的孩子，以后不但会当上总统，而且一干就是四届。

罗斯福的母亲同样出身上流社会，她很重视对罗斯福的教育，专门聘请家庭教师，教罗斯福拉丁语、法语、德语。14岁时，他已经追随父母，前后8次去往欧洲游历。在那个跨国旅行还极其奢侈的年代，像英、法、德、意这些主要的欧洲国家，罗斯福已经去过许多次了。

对于自己的未来，罗斯福有明确的规划。他读书时，就很注意拓展人脉，喜欢参加社会活动。在哈佛他的成绩并不突出，但是人缘极好，擅长演讲和辩论，还当上了校报的总主编。大学期间，他继承了父亲的遗产，也继承了家族的名望，所有人都能清楚地看到，这个年轻人身上蕴藏着巨大的政治能量。

再看看希特勒，他是一个彻头彻尾的平民子弟。他的父亲是奥地利农村的一个私生子，后来靠着个人努力，幸运地当上了海关的小公务员。希特勒的童年并不平静，12 岁时他已经跟父母一道搬了 7 次家。与成熟、稳重、早年就决定从事政治的罗斯福不同，小时候的希特勒喜欢画画、写诗，是个自闭而敏感的孩子。

青少年时期的希特勒与罗斯福的共同点是他们最喜欢的学科都是历史。希特勒的历史老师利奥波德·波希，影响了他的一生。在自传《我的奋斗》里，希特勒热情地回忆了老师用当年刚问世的彩色幻灯片，讲解德意志历史的情景。

可是就在这一年，希特勒的身体开始出现问题。他咳得很厉害，肺也不好，不得不辍学回家。邻居们回忆，有时候他甚至会咳出血来。

与此同时，身体脆弱的希特勒，开始表现出倔强、偏执、藐视权威的个性。他公开鼓吹德意志民族至高无上的理念。对于德意志历史上的一切，都表现出强烈的偏爱，对于其他民族，则报以蔑视和憎恨，并且不容许朋友们挑战自己的政治信仰。

1905 年的罗斯福和希特勒，一个是名门之后、美国总统的侄子，是成熟、自信的名校高才生，是冉冉升起的政治新星；一个是无人注意的德意志平民子弟，时而在水彩画和诗歌中，表达着对于人生的迷惘，时而热衷于对德意志的历史和政治高谈阔论，让身边的人既感到佩服，又感到害怕。

1918 年，第一次世界大战落下了帷幕。罗斯福和希特勒，以各自不同的方式，参与了这场大战。

1907 年以后，对绘画和建筑感兴趣的希特勒，两度报考维也纳艺术学院，都不幸落榜。其间，他的父母双双去世，希特勒先后到维也纳和德国南部的慕尼黑碰运气，沦落为一名卖画为生的街头画师。为了生存，他成了收容站的常客，甚至还尝试过乞讨。然而，每当谈到政治，他便立刻激动起来，大喊大叫，眉飞色舞。这个没有固定职业的画家，已经成为信奉德意志民族主义和反犹主义的极端分子。

1914 年，第一次世界大战爆发，一无所有的希特勒加入了德国军队，他终于可以为自己的政治信仰去战斗了。

4 年后的 1918 年 10 月，在比利时战场上，德国的巴伐利亚第 16 步兵团遭到英国军队的猛烈攻击。

◆ 希特勒与同胞士兵在第一次世界大战期间（约 1916 年拍摄）

英军投放了毒气弹，浓烈的芥子气瞬间夺走了大部分士兵的性命。那些没有当场死亡的士兵，也成了瞎子。这些士兵排成单列，每一个都抓住前面的人，由半瞎的领着全瞎的，跌跌撞撞地走出了战场，走到了急救站，这才保住了性命。

这些士兵里，就包括希特勒。

1917 年，他因作战英勇，由传令兵提拔为陆军下士，还相继荣获一枚“一级铁十字勋章”和一枚“二级铁十字勋章”。可是现在，他和战友一道，在毒气弹中失明了。

不过这种失明，是暂时的。

尽管如此，他还是被送进了医院，他的战斗生涯已经结束了。

更让希特勒难以接受的是，就在他养病期间，德国宣布投降，第一次世界大战以德国等同盟国的失败而告终。

躺在病床上的希特勒得知德国在巴黎和会上被瓜分领土、勒索巨额赔款，他怒不可遏。而此时，罗斯福本人，就在巴黎和会的现场。

“一战”期间，美国总统威尔逊任命富兰克林·罗斯福为海军助理部长。

罗斯福以海军军官的身份，为美军服役 7 年，表现十分突出。他主张建设一支“强大而有作战能力的海军”，这种主张，打破了过去美国海军的被动防御姿态，对此后美国的扩张和称霸起到重要作用。

“一战”结束后，美国海军已经成长为世界上顶级的海军力量，在实力上，可以与曾经不可一世的英国海军平起平坐。

1919 年，病愈出院的希特勒因为出众的演说才华，被陆军政治部看中，加入了德军的宣传队。7 月，他接到命令，返回慕尼黑，对一批刚刚

◆ 1930 年，希特勒在慕尼黑啤酒馆发表演讲

被遣返回国的德军战俘进行思想改造。刚回到熟悉的慕尼黑，他又接到了另一个任务，要他以特务的身份，去调查慕尼黑当地的大约 50 个激进政党。

这份命令改变了希特勒的命运，也改变了德国的未来。

出于调查的目的，希特勒常常参加慕尼黑的一个地方党派德国工人党的集会，可能是为了逢场作戏，他时不时地登台发表演说，无意间引起了听众的注意。

德国工人党很小，甚至没有多少固定的党员，唯一起作用的，是一个由 6 个人组成的中央委员会。这个小党看中了希特勒的政治才华，主动伸出了橄榄枝，邀请他入党。希特勒吃了一惊，但很快就敏锐地意识到，这是一个机会。

他加入德国工人党。很快，便成为该党的党魁。

1921 年 7 月，在希特勒的领导下，该党进行改组，从此有了一个新名字——国家社会主义党，根据它的发音简称，被称为纳粹党。凭借希特勒在煽动民心方面的天赋，纳粹党迅速崛起，开始有了自己的报纸和庞大的信众。1930 年，德国议会举行新一轮选举，纳粹党已经从慕尼黑的一个地方小党，变成了国会的第二大党。

1921 年，罗斯福并没有心情关心德国南部的政治动向。一贯顺风顺水的他，不久前接连遭遇挫折，不仅危及他的政治生涯，还差点夺走了他的性命。

第一次世界大战结束后，罗斯福已经成长为美国政坛的一颗政治新星。可是战争结束后，美国民众的心理产生了变化。过去的一个多世纪里，美国人一贯采取所谓的"孤立"政策，简单地说，就是拒绝插手欧洲事务，反对政府表姿态、立山头，只求政治投机，闷声发大财。这种明哲保身的心理，在"一战"期间有所减弱，可是一等恢复和平，便又重新占据了舆论的上风。

"一战"后，罗斯福陪伴威尔逊总统参加了巴黎和会。不过，威尔逊总统在巴黎和会上提出的关于组建国际联盟的计划，虽然获得了欧洲人的赞赏，却被本国人民无情地抛弃了。美国人不愿意看到自己的国家抛头露面，主导国际秩序，为了别人家的事情而承担不必要的开支。结果，威尔逊总统被迫下台，深受威尔逊重用的罗斯福，也在 1920 年的副总统竞选中落败。

随之发生了一件更糟糕的事情。1921 年 8 月 10 日，为了换换心情，罗斯福带全家外出度假。抵达目的地后，他们乘坐一艘小帆船出航，却意外地发现，远处一座小岛上燃起了火苗。

勇敢的罗斯福立刻参与了救火，直到下午，火势才被控制住。

此时的罗斯福，已经累得将近虚脱。在回去的路上，对自己的体力很自信的罗斯福，建议大家去海里游泳。所有人都开心地答应了，于是已经极度劳累的罗斯福，带领大家慢跑了 3 公里，来到海边，而后一个猛子扎入到冰凉的海水中，畅游了好一会儿。

以前每次游过泳后，罗斯福都会觉得神清气爽，可是这一次，他感觉身体有些异样。上岸后他感到浑身发冷，全身疼痛无比。他没怎么吃饭，就匆匆上床睡觉了。夜里，他的妻子发现，他去厕所时，几乎是爬着去的。

第二天早上，他还坚持爬起来用早点，对人说说笑笑，身体似乎好了一些。可是起床刮脸后，没多大一会儿，他就病倒了，从此再也没能健康地站起来。

罗斯福不幸患上了脊髓灰质炎症。从 1921 年得病开始，直到 1945 年去世，他的后半生都只能坐在轮椅上。

然而，罗斯福没有屈服。治疗期间，他强迫自己保持积极的心态，还利用难得的空闲，阅读了大量历史著作和人物传记。他前往疗养的佐治亚温泉，洋溢着乐观的情绪，被人们形容是“笑声震天的地方”。

经历过人生的大起大落，思想上就会越发成熟。1928 年，获得新生的罗斯福返回了美国政坛。1929 年，他当选纽约州州长。他一度暗淡的政治生涯，竟然借由残疾的身体，峰回路转了。

1921 年 7 月，一直落魄的希特勒在政治上飞黄腾达。接下来的 8 月，年轻有成的罗斯福却遭遇了残疾的重大打击。令人敬佩的是，罗斯福没有放弃自己的事业，他无奈地坐到了轮椅上，却成为美国政界的巨人。在希特勒平步青云的同时，坚韧的罗斯福没有掉队，相反，他悄悄地追了上来。

20 世纪 20 年代，整个西方社会呈现一片欣欣向荣的景象。第一次世界大战的伤痕已经被人们遗忘。资本主义世界经济空前繁荣，各国都沉浸在歌舞升平之中。

美国的胡佛总统，在 1929 年 3 月的就职典礼上，信誓旦旦地保证，他将带领美国人民彻底“征服贫穷”。

在举国上下的憧憬中，纽约证券交易所的股票指数连续多年一路飞升。当时的情况是，只要买到股票，就能赚钱。人们已经习惯了早买早赚，多买多赚，越买越赚。跟过去十多年的中国房地产一样。

不仅美国人民疯了，欧洲人民也按捺不住了，他们开始变卖家当，收购美国股票。就连刚刚卸去英国财政大臣之职的丘吉尔，也在访问美国期间，忍不住把私房钱投到了股市上。可是老谋深算的丘吉尔，这一回实在太不走运了。他入市的这一天，是 1929 年 10 月 23 日。

这一天注定将被许多人怀念，因为那是全球性经济危机爆发前的最后一天。第二天，史称“黑色星期四”，当天美国股市突然崩盘。收盘后，传来不幸消息，有许多人从楼上跳了下去。

到 11 月中旬，纽约证券交易所的全部股票，已经贬值了一半，不仅如此，这种自由落体一般的下降速度，竟然延续了 5 年。到 1933 年，纽约证券交易所的股票平均股价，还不到 1929 年丘吉尔入市当天的四分之一。

股票是经济形势的缩影。经济危机爆发后，美国先后有大约 5000 家银行破产，有将近 1/3 的工人失业，到 1933 年，美国的国民收入只剩下 400 亿美元，比起 1929 年的 900 亿美元，已经下降了一多半。

作为世界第一经济强国，美国跌入泥潭，让整个西方元气大伤。当时，世界经济已经连为一体，欧美各国的经济形势，犹如《红楼梦》的贾史王薛四大家，是一荣俱荣、一损俱损的关系。

爆发于美国的经济危机，很快像流行病一样，传染给了英国、德国、意大利、日本、法国……不久，整个西方世界已经一片狼藉，工业生产总体下降 1/3 以上，贸易缩减 2/3，工厂倒闭，银行关门。单是英国，就

◆ 1929 年 10 月，美国各大报纸的头版，都报道了华尔街股市大崩盘

有 500 万人到 700 万人失业，全世界的工业生产，全面倒退到 1900 年到 1908 年的水平，英国甚至倒退到 1897 年。无助的工人或者沿街乞讨，或者举起抗议的横幅，愤怒地走上街头。

从 1929 年到 1933 年，这场前所未有的经济危机，被历史学家称为“大萧条”。

为什么到 1933 年，经济危机总体上结束了呢？除了经济起伏的客观规律以外，还因为这一年，两个主要的资本主义国家美国和德国，终于找到了自己的对策，而为各自国家开出药方的，正是罗斯福和希特勒。

1933 年 1 月 30 日，是富兰克林·罗斯福 51 岁生日。就在这一天，希特勒通过合法选举，当选为德国总理。同一时间，罗斯福也赢得了美国总统选举，这个坐在轮椅上的候选人，看起来比健康的年轻人更具有活力，他奇迹般地获胜了，成为世界历史上罕见的身患残疾的领导人。

1933 年 3 月，两个人先后正式上任。两人的执政时间，也同样是 12 年。

有关罗斯福新政的内容，我们在历史课本里都学过。大体来说，罗斯福一改过去资本主义国家对市场放任不管的策略，转而依靠国家力量，对市场经济进行干预，用“看得见的手”，去辅助乃至于强行纠正“看不见的手”。

这促成了国家干预经济这一新的经济管理模式的出现。

例如，眼看工人大量失业，罗斯福主持建立了联邦紧急救济署，但是救济署并非直接把美元和粮食分给工人，而是采取“以工代赈”的办法，组织他们参与大规模的基础建设。

罗斯福新政期间，美国拨款数十亿美元，在全国范围内，兴建了 18 万个小型工程项目，用于公路、铁路、桥梁、隧道、堤坝、下水道系统，

◆ 1933 年，阿道夫 · 希特勒当选德国总理后，一群纳粹分子聚集在他周围。

以及邮局、体育馆、美术馆、学校、医院等公共工程建设，这些工程本身可以造福国民，同时又为工人创造了大量就业机会，起到了一举两得的作用。大萧条结束后，这些工程保留了下来，对于促进美国经济的后续发展，起到了良好作用。

直到今天，美国中部许多一望无际、人烟稀少的地区，仍然建有路况良好的公路系统，这些畅通无阻的国道，大都是罗斯福新政时期的成果。

从 1935 年开始，美国几乎所有的经济指标都有了稳步回升。国民生产总值从 1933 年的 742 亿美元，1939 年增长至 2049 亿美元，失业人数从 1700 万人，下降至 800 万人。大萧条的乌云，终于快要散尽了。

从某种意义上来说，希特勒上台后的措施，与罗斯福新政如出一辙。希特勒宣称，要“让德国每一户人家的餐桌上有牛奶与面包”。为了解决失业问题，希特勒同样大权独揽，一手推动了德国历史上前所未有的基础建设浪潮。在他的策划下，德国政府斥资数十亿马克，用于修建水坝、高速公路、铁路，或是开垦荒地、改良土壤、整治河道、开凿运河、架设桥梁。随着这些大小工程的开建，低迷的德国经济瞬间恢复了生机。

到“二战”前夕，德国的工业生产已经全面恢复，1932 年至 1938 年，德国的生铁产量由 390 万吨上升到 1860 万吨，钢产量由 560 万吨上升到 2320 万吨。1938 年，希特勒要让德国人重新过上好日子的承诺，似乎已经实现了。

客观来说，罗斯福和希特勒的经济改革，都取得了显著成效，它们双双验证了国家在危急关头干预市场经济的必要性。

可是，这种经济上的全面干预，必然伴随着政治上的集权。很快，希特勒以“元首”的身份，成为德国的统治者。罗斯福也打破了历届美国总统不得连任超过两届的惯例，一连担任了四届总统。

有趣的是，罗斯福新政刚开始的时候，遭到国内政敌的猛烈抨击，反倒是德国这个即将走上法西斯道路的国家，对罗斯福予以坚定支持。

1933 年 7 月，罗斯福刚就职 4 个月，希特勒就公开赞许罗斯福敢于大刀阔斧地改革，“不顾国会、游说团体、官僚体制的拦阻，直往目标前进”。1934 年 1 月，纳粹党报的官方报纸《人民观察家报》，竟然盛赞罗斯福采取“独裁”手段，并且直言，“我们也要向美国看齐”。

《人民观察家报》还强调，希特勒与美国的“绝对领袖”罗斯福，在执政理念上存在诸多相似之处，称赞“罗斯福在经济与社会政策中，采纳了一部分德国的国家社会主义思想”。希特勒本人也认为，这位美国新总统和自己英雄所见略同，他还专门向美国驻德大使威廉·达德，表明了自己的看法。

政敌对罗斯福的抨击，以及希特勒对罗斯福的赞赏，不是没有道理的。

从集权和放权的角度来说，罗斯福和希特勒的执政策略都意味着，国家将原本属于市场和社会的权力，收回到自己手中，自上而下地安排经济建设和各项事业。这种执政方式，非常有利于独裁者的出现。

一位美国政界人士便评论道：“罗斯福那时想搞独裁，易如反掌……罗斯福初任总统的百日之中，国会自觉自愿授予总统的权力是何等庞大，何等空前，何等的凌驾一切啊。就是德国国会给希特勒的权力，也不过如此。”

可以说，如此有利于搞个人独裁的景象，在美国历史上，还是头一次出现。幸运的是，罗斯福没有利用这个唾手可得的机会，像古罗马的恺撒和同时代的希特勒那样，登上独裁者的宝座。

事实证明，罗斯福对于民主的忠诚，或者说忌惮，既是美国的幸运，也是他本人的幸运。

后面的事情，我们就很清楚了。以“元首”身份大权独揽的希特勒，亲手把德国人送上了对外侵略的战场，这毁灭了欧洲，毁灭了德国，也毁灭了自己。

相反，罗斯福的美国，在“二战”中充当了捍卫自由世界的中流砥柱。当各项经济数值遥遥领先的美国，于 1941 年 12 月 8 日加入“二战”战场之后，希特勒的失败，已经就此注定。

1945 年 4 月 12 日，罗斯福在其第四任总统的任期上，因脑溢血发作而去世。罗斯福是带着欣慰离去的，他去世的时候，二战的结局已经不存在疑问。美国领导下的盟国，马上便要取得最终的胜利。罗斯福不仅是生前的赢家，更赢得了后世的尊重。他是迄今在任时间最长的美国总统，还多次被评为美国历史上的最佳总统。

1945 年 4 月 30 日下午 3 点 30 分，距离罗斯福去世的 18 天后，希特勒也在德国总理府的地下室，用手枪结束了自己传奇却罪恶的生命。

直到今天，作为“二战”的发起国，德国依旧不被允许恢复正常国家的身份，德国的各大城市仍然驻扎着外国的军队。德国人民不理性地支持了希特勒的侵略，这让他们背上了长久的历史包袱。

罗斯福和希特勒的人生，本来有着截然不同的起点，却因为政治生涯的出类拔萃，在 1933 年和随后的数年里，发生了有趣的交集。但随着二战爆发，他们再一次分道扬镳。他们的人生故事，给我们许多启示，也为各自国家的历史打上了深远的烙印。

（杨盛翔）

罗斯福新政：『看得见的手』的经典佳作

1933 年 2 月 27 日的深夜，坐落于美国纽约州的海德公园镇阴沉又寒冷。

这是一个乍暖还寒的时节，凛冽的西北风呼啸着掠过哈德逊河的水面。小镇中的房子大多已经熄灭了灯光，但有一座宅邸中，一个窗户正散发出暖黄色的灯光。

在温暖的起居室内，一位两鬓已经有些斑白的中年男子正坐在壁炉旁边写着什么。这位中年人就是我们故事的主角——富兰克林·罗斯福。

他一生主要完成了两件大事，一件是用新政应对 1929—1933 年的资本主义大危机，另一件就是领导美国取得第二次世界大战的胜利。我们本章要讲的，就是他通过新政拯救美国经济的故事。

罗斯福出身在纽约州的富裕人家，在哈佛大学和哥伦比亚大学接受过美国上流社会的传统教育。

1910 年，年仅 28 岁的罗斯福竞选成为纽约州的参议员，在从政的道路上迈出重要的一步。此后，他平步青云，30 岁出头就担任了海军部的

◆ 胡佛大坝的鸟瞰图

助理部长，不到 40 岁便被提名为副总统候选人。

但是，在一次度假的过程中，罗斯福意外患上了脊髓灰质炎，此后终身依靠轮椅出行。沉重的打击并未磨灭罗斯福的斗志。就在 1933 年，罗斯福以压倒性优势战胜了前任总统胡佛，成为美国的新总统。

罗斯福这几天一直在修改自己就职演说的稿件。一段时间以来，令人悲观的消息时不时传到他的耳中。银行正在逐渐瘫痪，股票市场也未见好转，经济危机就像无形的幽灵一样，虽然无影无踪，但又无所不在。

伴随着壁炉中木材的噼啪声，罗斯福仍然一刻不停地奋笔疾书，稿纸逐渐堆成了薄薄的一摞。

罗斯福的心里非常清楚自己肩负的担子有多么重。从4年前美国金融界的崩溃开始，整个国家就陷入了严重的经济危机。

在经济危机刚刚发生的头两年，担任美国总统的是提倡“自由放任”政策的胡佛。起初，胡佛总统严格信奉传统的“不干涉主义政策”，拒绝对陷入危机中的美国经济采取任何干预措施。结果国家的经济非但没有自己恢复，经济危机反而愈演愈烈。罗斯福与胡佛的观念正好相反，他相信，市场已经失灵，必须让政府介入。

在竞选的过程中，罗斯福走遍了全国的大部分地区。他惊讶地发现，国家经济的状况比自己最坏的预计还要糟糕。到处是失业的人群，到处都是领取救济粮的长队。挣扎在饥饿和贫困中的劳苦群众接连举行大规模的游行示威，这些都被罗斯福看在眼里，记在心上。

在宣布参加选举的演讲中，罗斯福对着台下成百上千的听众们宣誓，要执行有利于美国人民的“新政”。第二天，一张报纸上刊登了这样的一幅漫画：一个满脸倦意的农民靠着锄头仰望天空，空中一架机身上写有罗斯福姓名的飞机翩然飞过，飞机的机翼上则标有新政的字样。自此，“新政”一词就成为罗斯福的标志。

随后几天，罗斯福一直在为就职做准备。3月3日，罗斯福乘火车抵达华盛顿。华盛顿的紧张情绪与日俱增，国库的黄金储备已经接近枯竭，国家的财政局势进一步恶化。在旅馆的房间内，罗斯福将自己的演讲稿重新练习了许多遍后才慢慢沉入梦乡。

就职典礼的日子是一个阴天，天空中阴沉多云。国会大厦东门廊的白色希腊式立柱上，装饰着绿色的常春藤和国旗色的彩带。在正中间，是黄铜打底的半米多高的鹰徽，就职演说就在这里举行。

东门廊前面的草坪上人头攒动，根据事后的统计，共有10万人参加了新总统的就职典礼。人们都期待着总统能够在自己第一场正式演说中，宣布自己能够实行什么样的“新政”，以拯救美国濒临破产的经济和民众的生活。

罗斯福仰起头，神情严肃地向大法官宣誓就职。当他转身面对群众时，黑压压的人群变得寂静无声。罗斯福的声音洪亮而坚定，它不仅传到了在场的观众和出席的来宾的耳中，也通过电波传到了全国千千万万收音机旁的听众面前。

罗斯福对着话筒强调，国家面临的困难在于物质层面，主要是政府没有尽到责任，擅离职守，新的领导者必须有所作为。“现在复兴所要求的，不只是改变道德标准，这个国家需要的是行动，而且是立刻行动。”

◆ 富兰克林·罗斯福总统签署新政法案

◆ 反映新政建设的邮票

罗斯福接下来说道："我们的头等重要的任务就是让人民投入工作……这里可以部分由政府直接招募完成，就像战时的紧要关头一样。"听到这里，台下的人群开始窃窃私语了起来。这是大危机以来，人们第一次收到由政府这只"看得见的手"干预经济的明确信号。

罗斯福还呼吁在全国范围内重新分配土地，提高农产品的价格，并要求各级政府立即行动起来，将分散的、零散的救济行动统一起来。最后，罗斯福号召大家要严格监督银行、信贷和投资，杜绝投机，确保充足而健康的货币供应。

在演讲的结尾，罗斯福向人们露出了他标志性的微笑。这张笑脸，将在之后的 12 年里伴随着美国人民克服一个个更大的难关。

罗斯福的就职演说受到了美国绝大多数民众的欢迎。就像他在演说中提到的那样，美国人民早就已经期待政府采取果敢和直接的行动来拯救美国经济了。新政府的行动异乎寻常地迅速，为了使自己的政府尽快运转起来，罗斯福要求国会立即批准自己提名的人选担任内阁的各项职务。在当日晚上，内阁成员们集中到白宫里的总统办公室，在罗斯福的带领下宣誓就职。从此，一场改变美国历史走向的新政就此开始了。

在短短一百天的时间里，罗斯福内阁向国会提交了 15 篇咨文和 15 项正式法案。正如罗斯福在就职演讲中提到的，新政的主要内容包括了社会经济的方方面面，无不切中时弊。

在这 100 个日日夜夜里，罗斯福和他的手下们每天都在忙碌着。他们彻夜起草各种法案、文件和备忘录的草稿，处处都提到救济、复苏和改革。可以说，正是这短暂的100天奠定了罗斯福新政的基础，而这一百天也在日后被称为罗斯福的“百日新政”。

在法西斯主义盛行的时代，美国在罗斯福的领导下走上了一条不同寻常的道路。但不得不承认，新政是在经济大萧条之后不得不做出的抉择，它也不是一套具有整体性、前瞻性的战略构想，而是在应对危机与战争的过程中“拼凑”起来的。

当时美国社会恐惧情绪弥漫，谁也没有充分的信心去设想未来的前景，即便是罗斯福总统，也没有足够的信心在这场世纪变局中赢得胜利。但好在政府这只“看得见的手”将美国经济成功引到正轨。这是一场没有退路的“豪赌”，没有想象中的英雄主义，但结果我们都知道了。

罗斯福赌赢了，美国也赌赢了，迎来了又一个飞速发展的时代。

（韩毅）

从『水晶之夜』开始的恐怖：纳粹屠杀犹太人的经济原因

你可能看过美国电影史上的经典影片《辛德勒的名单》。这部影片中所展现的是纳粹德国在第二次世界大战中对犹太人实施的大屠杀。

这是人类历史上最残酷的暴行之一。在整个二战中，大约580万欧裔犹太人被纳粹德国杀死，占当时欧洲犹太人总人口的三分之二，数字之大，让人触目惊心。

◆ 电影《辛德勒的名单》原型人物奥斯卡·辛德勒

那么，为什么纳粹德国要大规模地屠杀犹太人，他们之前到底有怎样的深仇大恨呢？

这需要我们回到第二次世界大战爆发前一年的冬天去寻找答案。

1938年11月9日深夜，德国首都柏林笼罩在一片寂静之中。这是一个寒冷的冬夜，这座拥有400万居民的欧洲历史名城陷入了沉睡。宽阔的马路上此时早已没有了行人，只有路灯在两侧的人行道上摇曳着昏暗而朦胧的黄色光芒。

我们故事的主人公梅耶的家人早已陷入了沉睡，而梅耶本人却躺在床上辗转反侧，无法安眠。

梅耶是一名小商人，在菩提树大街附近的街区经营一家小小的书店。他家数代以前就一直居住在柏林，书店也从先祖手中相传至今。虽然经历第一次世界大战后经济萧条的洗礼，但最终还是勉力维持下来。这家书店所在的楼房一共三层：一楼是书店，精心布置了一些时下流行的小说、时尚书籍和艺术画册。当然，元首希特勒的那本《我的奋斗》也与畅销书们一起被放在最显眼的位置；二楼住着梅耶一家六口——梅耶、他的夫人、他的父母，以及一对在上小学的儿女；三楼则作为仓库和贮藏室。

心神不宁的梅耶起身下床，举起床头柜旁的蜡烛，静静地走到了客厅。在客厅桌子的正中，放着一张摊开的报纸，上面赫然用最大号的字体印着那则可怕的新闻：《令人震惊的暴行：今日我国驻巴黎外交官遭到犹太暴徒暗杀，生命垂危》。

就在两天前，一名 17 岁的犹太青年赫尔舍·格林斯潘在德国驻巴黎大使馆前枪击外交官埃里希·冯·拉特。报纸中声称，这是格林斯潘因家人被纳粹驱逐出德意志帝国而采取的报复行为，是犹太人犯下的又一件罪行。

梅耶闭上了双眼，无力地坐在桌前的沙发上。脑海中浮现出纳粹党上台后的打压和迫害犹太人的一幕幕：5 年前，纳粹党在刚刚上台后不久就取消了犹太人担任公职、大学教师、记者和艺术家的权利；3 年前，纳粹党政府通过《纽伦堡法令》直接取消了犹太人的市民身份，并对犹太人进行了不能投票、不能和雅利安人通婚、在护照上特别标注犹太人的身份等一系列歧视性的措施。

尽管如此，直到 1938 年，只有一部分犹太人移居国外，大部分犹太人仍然选择留在德国境内。这些犹太人祖祖辈辈都居住在德国，没有多少人希望舍弃自己的住宅、亲友和财产，前往陌生的环境定居，他们宁愿相信最坏的日子已经过去了。

梅耶也是这些犹太人中的一员。他一直认为反犹的风潮在一段时间后总会逐渐平息下去，他们一家的生活也会恢复正常，而纳粹在通过《纽伦堡法令》之后似乎也放宽了对犹太人的压迫。除了例行公事一般的宣传鼓动，以及学校里的一些种族学课程以外，生活好像又回到了往日的宁静。可是这件发生在巴黎的暗杀事件又会在国内掀起什么样的波澜呢？纳粹会不会对国内的犹太人进行报复？

想到这里，梅耶睁开双眼，开始暗自思考一旦政策收紧后的退路。他

◆“水晶之夜”犹太人商店被破坏

抬头望向窗外，天空已经变成了紫色，看起来就要天亮了。梅耶摇了摇头准备回到床上再眯一会儿。突然，窗户外面的街道不知为何喧嚣了起来。梅耶不禁从窗户向外望去：一些穿着黑色或褐色制服的人似乎正在街头的十字路口集结起来。

看到这种景象，梅耶睡意全消，慌忙把夫人、父母和孩子叫醒起来。

“发生了什么事，亲爱的？”他的夫人揉着眼睛不解地问道。

“不要管了，快点和我一起上楼！楼下……”梅耶赶紧招呼自己的一家老小跑进了三楼的储藏室并把门锁了起来。他一直担心的事情最终还是发生了。

过了很长一段时间，外面的喧嚣逐渐平息了下来。梅耶鼓起勇气从三楼走了下来，试图看看楼下究竟发生了什么。他小心翼翼地走到一楼楼梯的拐角窥向楼下，眼前的一切既令人震惊又在意料之中——一楼的橱窗被打得粉碎，玻璃碎片满地都是。原本整齐的书架和一排排书籍此时已经变成了碎裂的木片和一堆堆被撕碎的废纸。

短短一个晚上，类似的场景在整个德国上演了数千次。就在这个夜晚，整个德意志帝国境内大约有价值一千万马克的玻璃被砸碎，大约7500家犹太人商店遭到洗劫和摧毁，大约250座犹太教堂被焚烧或拆毁。这一夜，有91名犹太人被纳粹党暴徒杀害，数百人受重伤，数千人遭到凌辱和肉体摧残。

此外，还有差不多两万较为富裕的犹太人被逮捕，释放条件是被驱逐出境和剥夺财产。由于各条街道和人行道上撒满了玻璃的碎片，纳粹的宣传机构不怀好意地为这个夜晚赋予了一个颇有诗意的名字——水晶之夜。

那么，为什么犹太人会遭到纳粹如此的迫害呢？

其实，纳粹的反犹政策并不是突然出台的，而是在漫长的时期，层层加码。在早期的德国，教皇认为自己有着神圣而不可推卸的责任，那就是消灭并驱逐在这个国家生活的这些犹太人。这种情绪也影响着普通人，并随着时间慢慢地发酵蔓延开来，成为一种社会普遍共有的潜意识。

希特勒曾在自传《我的奋斗》中写道："雅利安人的最大的对立面就是犹太人。"他把犹太人看作最大的敌人、邪恶事物的根源、灾祸的种子、民族生活秩序的破坏者。他上台后，犹太人的灾难就开始了。"水晶之夜"的发生，正是纳粹德国有组织地清洗犹太人的开始。

当然除了宗教历史原因和希特勒自身经历的原因，还有两个关键原因。

一是希特勒想要夺取犹太人所垄断的财富。第一次世界大战结束后，作为战败国，德国的经济遭到严重破坏，再加上从 1929 年开始的席卷整个资本主义世界的经济危机，德国的经济雪上加霜。民众生活贫困，社会上充满了对于现状的不满和对于《凡尔赛和约》的复仇心理。

在这样的背景下，希特勒在德国建立了法西斯的统治，并提出了征服欧洲、争霸世界的扩张目标。然而，征服欧洲和争霸世界必须建立一支强有力的军队，军队的维持与扩张又需要巨额的资金作为支持。这样，比较富裕的犹太人手中的大量财产就成为纳粹垂涎的目标。

二是需要通过树立一个敌人，把一切坏事都让他们背锅，让德意志人通过对共同敌人的仇恨而凝聚团结起来。

从 20 年代开始，希特勒就一直抨击犹太银行家和商人应当为战争失败和经济危机负责，大力宣扬犹太人是所谓劣等民族，犹太资本家为了自己的利益出卖了前线奋战的将士等。此外，他们还宣传德国"几乎所有产品都在犹太金融家的控制之下"，暗示正是犹太人导致了经济危机的发生。

◆ 1933 年 5 月 10 日，纽约市发生犹太人示威，反对德国新总理阿道夫・希特勒的行动

通过偷换概念以及舆论引导，逐渐将德国国民对《凡尔赛和约》的憎恨转移到犹太人身上。

就在希特勒一步一步地实施着他的反犹政策的时候，德国外交官在巴黎的遇刺，给了他进一步扩大反犹政策的理由。这样，以恐怖的“水晶之夜”为起点，纳粹德国在后来的时间里日益加紧了对犹太人的迫害。他们迫使犹太人把焚毁的犹太教堂清扫干净，修成停车场供德国人使用；强制每个犹太人佩戴一个具有侮辱性质的标记；强迫受迫害的犹太人向纳粹缴纳 10 亿马克的“赔偿金”。直到二战开始后，直接对犹太人进行了空前的、惨无人道的种族大屠杀。

犹太人的命运是如何走到如此被动、如此屈辱的地步呢？他们本可以利用自己的经济实力，争取相应的政治权利。

十几年的反犹太浪潮中，犹太人有无数的机会可以逃离德国，投靠更好的国家，甚至鱼死网破奋力反抗，但是他们却选择了默默忍受，对纳粹政府还抱有不切实际的希望，直到丧失最后的机会。

当时多个犹太领袖甚至号召德国犹太人用行动证明自己忠心爱国，以此消除纳粹对犹太人的歧视和反犹太的情绪。他们至死都没有明白纳粹统治下的德国根本不是包容他们的国家，他们成了掩盖尖锐社会矛盾的牺牲品。最终成千上万的犹太人从德国的各个占领区被源源不断地送往集中营，工业化、规模化的屠杀就此不断地展开，犹太人历史上最残酷的灾难就此袭来。

（韩毅）

“借给邻居家救火的水龙头”：美国1941年租借法案

1940年12月初的一天上午，蔚蓝色的加勒比海海面上，一艘线条优雅的军舰正在缓慢地航行着。这是一艘先进的重巡洋舰，战舰通体灰白，高耸的炮塔显得格外威武雄壮。在舰桥桅杆的顶端，一面硕大的星条旗正在迎风飘扬。

在舰体甲板上，一位头戴便帽、穿着休闲的老人手持一根过滤烟嘴，半躺半坐地靠在一张帆布躺椅上闭目养神，旁边站立着一位年轻的海军军官。

这位老人便是刚刚成功连任美国总统的富兰克林·罗斯福。虽然已经到了12月，但处于热带的加勒比海地区气候仍然温暖舒适。总统早年患有脊髓灰质炎，身体状况一直不佳，此行乘船前往加勒比海就是为了暂时避开华盛顿阴冷的天气，在热带气候下享受和煦的阳光。

“总统先生，这里还有一封英国首相丘吉尔的急件。”

听到这个消息，罗斯福却似乎马上来了精神。他接过来信，仔细地阅读了起来。这是一封4000多字的长信。在这封信中，丘吉尔透露，英国的财政资源濒临枯竭，即将没有多余的资金采购补给和武器。他迫切地希望美国尽快对英国采取援助。罗斯福反复地阅读着这封信，望着海面，陷入了沉思。

自从1939年纳粹德国以闪电战入侵波兰后，德国及其盟友便依靠先进的战术和强大的军事实力接连侵占了多个欧洲国家。就在半年前，自诩欧洲第一陆军强国的法兰西，也在短短的一个半月时间里就被迫投降。英国派往法国的远征军也被打得灰溜溜地撤回英国本土，甚至丢弃了几乎全部的重型装备。

这就是历史上的敦刻尔克大撤退，如果对这一段历史感兴趣，可以看看乔纳森·诺兰导演的《敦刻尔克》。

虽然联军们撤离了西欧土地，希特勒暂时获得了阶段性的胜利。不过，为了消除后顾之忧，将窝藏在英伦三岛的抵抗者全部解决，希特勒制订了“海狮计划”，打算使用德军强大的轰炸机部队将整个英伦三岛全部夷平，让所有抵抗者都灰飞烟灭。

这话听起来好像有些狂妄，事实上希特勒也确实有这个实力，那时的德军战机无论是在数量还是质量上都远胜英国本土的防御力量。更不要提在敦刻尔克大撤退的时候，为了能够尽可能地疏散人员，几乎所有的辎重都被丢在了敦刻尔克的海滩上，没几件带回来的。

对英国人来说，这是一场几乎没有任何胜算的战斗——航空工业基地被毁，海上贸易航线被攻击，武器装备短缺，经济濒临崩溃……

英国正在绝望的抵抗中挣扎。上帝并没有来拯救英国，走投无路的英国只能寄希望于大洋彼岸的美国。

想到这儿，罗斯福不禁叹了一口气：

“我们既能建造最强大的战舰，也能制造最先进的飞机，可是我们又

◆ 1941 年 1 月 20 日，美国总统富兰克林·罗斯福第三届任期就职典礼。

能对彼岸英国朋友们的战事做些什么呢？”

他顺手拿起桌子上的一份《纽约时报》看了起来，不一会儿，就失望地将它放在了一边。报纸上刊登的绝大多数都是国内的各种新闻，有关欧洲战事的报道仅仅在一个小小的方块中占据了不起眼的位置。

罗斯福心里明白，自从第一次世界大战结束后，对战争深恶痛绝的美国社会就陷入了孤立主义的束缚之中，对任何介入战争的行为谈虎色变。在大西洋彼岸战火纷飞的时候，美国本土却依然是一片灯红酒绿的和平景象。

在随后的几天时间里，罗斯福绞尽脑汁，酝酿该如何采取具体的方式援助英国。罗斯福在结束休假后回美国的第二天，也就是 12 月 17 日，召开了一场别开生面的记者招待会。在会上，罗斯福面对来自全国各个媒体的记者们举了一个简单易懂的例子：

“假如我家邻居着了火，我正好有一条浇水用的水龙带。如果他能拿我的水龙带去接在他的水龙头上，那么我就可以帮他把火扑灭。现在我怎么办呢？在救火以前，我不会对他说，邻居，我这条浇水用的水龙带值十五美元，你得给我十五美元才能用。不能这样做！那怎么办呢？我不要这十五美元——在把火扑灭后，我把水龙带拿回来就是了。要是火灭了，水龙带还是完好无损的，那么他自然会连声道谢，原物奉还。但是，假如它被弄坏了——多了些窟窿——我们也不必客气，只需要让他照价赔偿即可，这样我也不会吃亏。”

接着，罗斯福又对记者们说道：“换言之，如果你借出一些武器，约定在战后归还。假如这些武器没有损坏，那么你就不会吃亏；如果它们损坏了，或者是陈旧了，或者干脆丢失了，只要借用者甘愿赔偿，那么我就可以说，你也没有吃亏。”

罗斯福用这样一番浅显易懂的解释，基本诠释了自己酝酿已久的“租借”概念。

12 月 30 日，总统再一次通过广播向全美国的民众阐述了有关通过“租借”的方式援助英国的政策。在广播中，罗斯福一反常态地对孤立主义者提出了批评，并直接揭示了纳粹德国对世界和平的巨大威胁。他说道：

“……一个国家要想同纳粹和平共处，最后结果只能是全面投降……大不列颠一旦投降，我们整个美洲的所有人民就将生活在枪口的威胁之下……（因此）我们必须竭尽所能依靠我们掌握的人力、物力和财力，生产武器装备和舰船，我们必须成为民主国家的兵工厂！”

1941 年 1 月 10 日，罗斯福将拟订的“租借法案”提交国会。所谓的租借法案，就是指当时还是中立国的美国，以租借的方式向缺乏资金的英国等反法西斯国家提供武器弹药，间接支援它们的反法西斯战争。

这份法案一经提交，便引起巨大争议。孤立主义者们竭尽全力，利用广播、报纸、杂志、游行和传单反对法案的通过，而法案的支持者们则在国会议员的办公室中静坐示威。双方都意识到，如果这份《租借法案》得以通过，那么美国加入英国一方对德作战就只是时间问题了。

在国会的辩论中，刚刚在选举中与罗斯福交锋的共和党总统竞选人威尔基议员表达了对《租借法案》的支持，尽管被一些孤立主义者利用他在竞选中提出的口号指责他言行不一、朝三暮四。显然，共和党内部的有识之士也已经认识到，世界反法西斯国家的处境与美国的安全唇亡齿寒、息息相关。

经过一个多月的激烈辩论，美国国会最终在 1941 年 3 月以压倒性多

◆ 二战纪念碑与美国国会大厦的喷泉

数批准了《租借法案》。《租借法案》的顺利通过在某种意义上是美国加入反法西斯阵营的先声，也为轴心国阵营的失败敲响了第一声丧钟。

《租借法案》通过后，英国、苏联、中国、法国等世界反法西斯同盟国家都获得了或多或少的援助。

二战战场上经常出现这样的场景：手持美式汤姆逊冲锋枪坐着谢尔曼坦克的英国士兵，啃着美国口粮开着道奇卡车的苏联士兵。整个第二次世界大战中，英联邦获得美国租借援助最多，大约占总额的 63%，毫无疑问它们是《租借法案》的最大受益者。

当然接受援助的国家也不是白吃白拿，也都伴有回报。如苏联就将自身的自然资源援助美国，英国、中国等国家也有类似行为。

至 1945 年时，美国已成为资本主义世界黄金储量第一的国家。有力地支援反法西斯国家这一行为，也让美国的经济走出“大萧条”，进入战时繁荣。大量本来开工不足的企业为了满足军火需要而疯狂生产，美国的军火商因此获得了1150亿—1500亿美元的高额利润。以1939年美国的工业指数为100计算的话，到1944年美国的工业指数达到了239。

另外，美国得以在未参战的情况下提前开始军工生产，也在一定程度上为武装自己的军队提供了物质基础，珍珠港事件后美国直接参战，租借法案发挥的作用越来越大。

总的来看，《租借法案》不仅让美国挣了面子，也赢了里子，是一桩稳赚不赔的生意。

（韩毅）

阿拉曼战役：在北非围猎沙漠之狐

第二次世界大战爆发以后，德国的野心远不只欧洲，它的目标是全球。欧洲之外，希特勒首先把战争的触手伸到了北非。他看中了埃及的地理位置和石油储备，准备把埃及变成德国的殖民地。这就跟传统上埃及的“保护国”英国产生了矛盾。

北非战场就这样拉开了序幕。

虽然战场远在北非，英德双方都不是本土作战，但这片土地上爆发的战争重要程度丝毫不亚于欧洲战场。埃及控制着苏伊士运河，如果埃及失守，德国就会切断苏伊士运河，地中海就会被德国封锁。在意大利、西班牙的帮助下，德国就能取得欧洲战场的主动权，进而腾出近百万驻法德军全力进攻苏联，不用两线作战。

同时，德国以埃及为跳板，接着就会进入亚洲。当时的伊朗、伊拉克这些国家因为仇恨英法的殖民统治，多少都有些亲德。假如希特勒在中东地区扶植起亲德政权，跟日本在印度会师，轴心国两强联合起来，麻烦可就大了。所以英国无论如何都要站好北非这班岗。

◆ 1940 年，英国士兵参加拔河，作为第二次世界大战期间在沙漠训练的一部分。

最初北非战场主要由轴心国的意大利军队负责。与他们的祖先罗马帝国先辈相比，意大利军队差远了，战斗力极弱，被英军打得溃不成军，希特勒非常不满。1941 年 2 月，希特勒派隆美尔率德国军队进入北非，援助一败涂地的意大利军队。

隆美尔指挥的两个德军装甲师在沙漠上勇猛穿插，全速前进。英军猝不及防，节节败退，仅仅两个星期，英国在之前两个月的战果丧失殆尽。隆美尔因此名声大振，被晋升为元帅，英国人则称他是“沙漠之狐”，甚至谈“狐”色变。

1942 年 6 月，隆美尔的前锋部队推进到埃及北部距开罗只有 350 公里的阿拉曼地区。此时英军和德军都损耗了大量物资，但德军东线与苏联的战争还处于胶着状态，斯大林格勒战役牵制了德军大部分兵力，而且希特勒仍然把苏联方面作为进攻的重点。

如此一来，德国不得不缩减对非洲作战军队的资源。与物资短缺、孤立无援的德军相比，英军的境况好了很多。由于刚刚得到了美国方面的支援，英军拥有着将近千辆的坦克，同时其他盟军也多有助力，控制了地中海的制空、制海权。

时任英国首相的丘吉尔非常不满英军在北非的表现，他并不打算在非洲浪费太多的时间，他要趁德军与苏联未分胜负时为英国赢取在非洲的控制权，他改派蒙哥马利到非洲，命令他不要拖泥带水，尽快解决掉德军的非洲装甲兵团。就这样，隆美尔、蒙哥马利这两位二战名将开始了直接对决。

◆ 德国元帅“沙漠之狐”隆美尔

◆ 英国陆军元帅蒙哥马利（后排靠右）

隆美尔纵使有“沙漠之狐”的美称，在资源缩减的现实面前也不得不屈服，只能被动转入战略防御。而空降非洲的蒙哥马利则一改前任指挥官的保守作风，坚决地下达进攻的命令，因为在他看来英国军队根本就没有失败的理由。

从当时双方的军备处境来看，蒙哥马利的自信一点都不为过。

英国军队无论是作战人员数量还是武器装备，都全面碾压德意联军。当时，英国有 19 万军队，而隆美尔只剩下 8 万士兵，其中还有 1 万人无法作战。在军事装备方面，德意联军只剩下几百辆意大利老式坦克，而英军却拥有上千辆先进的美国 M-3 格兰特坦克。

此时正值苏联战场斯大林格勒战役的关键阶段，希特勒无暇顾及北非，隆美尔难以获得足够的物资支援。并且，哪怕德军有多余的资源调给北非军队，但在盟军完全占据地中海制空权、制海权的情况下，德国的补给也难以送达。

像这样一场盟军全面占优的战役，蒙哥马利又岂有龟缩防守的道理？当然，前面说的还都是所谓的硬件设施，而蒙哥马利的战术指挥也是至关重要的。

在此次战役中，蒙哥马利很老到地使用了“障眼法”，本计划从北面进攻德军，但是他在南面也布置了一个同样的基地，这个假扮的基地把废弃的旅行箱伪装成粮仓和弹药库，把坦克模型放在军营周围，把卡车覆盖上木板充当坦克，而真正的坦克上却被覆盖了木板，假装成卡车的模样开往北线攻击营地，假的无线电台甚至还向外发出了几条战时消息。

英军的虚虚实实和真真假假，成功迷惑了德军，让对方无从下手，只能两面布防，分散了大半兵力。

最后隆美尔被逼无奈，只能选择用地雷预防英联盟军的坦克进攻。下令一口气布置了 50 多万颗地雷，很多地雷甚至至今仍然埋在地下。

说到这里，双方也算是列阵完毕。正常情况，战争就要开打了，但是隆美尔却突然生病，必须回国治病。大战在即，大将缺阵，这可是兵家大忌。蒙哥马利必然不会错过这个千载难逢的进攻机会。

10 月 23 日夜里，英联盟军开始了大漠猎狐行动。英方炮弹充足，有钱任性，用长达六小时的炮轰作为与德军的见面礼。接下来，为了躲避德军的地雷陷阱，英军开始了小心翼翼的“轻足行动”也就是所谓的扫雷行动，让身体轻快的步兵为坦克排除德军布置的地雷，以防坦克引爆地雷。

这个看似完美的计划，实施起来却很费力。德军布置的地雷十分密集，这让排雷行动进展缓慢。直到 25 日，英联盟军才终于全部穿越雷场。双方装甲军才得以正面交锋。

除了陆战，双方还开始“空中决战”。就在这关键时刻，隆美尔带病火速赶回北非，重新指挥非洲军团，这给德军再次带来了希望。隆美尔对德军剩余兵力进行了一次详细的评估，经验丰富的他知道，以现在的情况看，德军胜利的希望非常渺茫。不过他还是告诉士兵们，只要再坚持一下，就有得胜的机会。他也深知，希特勒是不会轻易让他们撤退的，目前的情况下，他必须坚持下去，或许可以在粮食用完之前为德军争取到短暂的休整时间。

不过祸不单行，英国的空军在 26 日炸毁了德国向非洲装甲军团输送燃料的油船，这使德军的境况更加雪上加霜。隆美尔在这一阶段一直采取守势。虽然他也抓住英联盟军的弱点发起了几轮反攻，但是由于燃料和装备不足，反攻的效果并不好，他们只能放弃。即使德军装备数量完全无法跟英联盟军媲美，但是英联盟军却始终无法突破隆美尔的防线，足以见得“沙漠之狐”并非虚名。

在空军的掩护和辅助之下，英联盟军开始了新的一轮陆地“增压行动”，他们把打击目标放在德军的装甲兵团，也就是德军最后一支坦克军上。

隆美尔在战前对士兵们坦白了己方的实力：“我们现在的燃料根本不足以支持撤退行动，反攻才有活下去的希望，否则我们必将被俘虏，最后羞辱至死。”在这样的刺激下，德军决定做最后的殊死一搏。阿拉曼战役中规模最大、最惨烈的一场战争就此爆发了。

德军和英军进行了激烈的坦克大战，坦克卷起黄沙漫天飞舞，几乎把

◆ 1942 年，阿拉曼战役，英国机动步兵团的军官和士兵们在硝烟中冲锋。

白天变成了黑夜。后人这样形容当时战场的情景：

“沙漠在热浪中抖动，它只能被看作一个被高爆炸药爆炸时产生的尘土笼罩的地方，一个被燃烧着的坦克和卡车产生的烟弄得很昏暗的地方，一个被无数枪支的火光照亮的地方，一个红色、绿色和白色曳光弹满天飞的地方，一个在轰炸中震颤的地方，和一个双方的炮火让你震耳欲聋的地方。”

一排排的士兵在轰鸣中倒下，鲜血渗透进黄沙留下褐色的印记。令人吃惊的是，虽然德军在坦克装备上远不及英军，但一直难分胜负，英军最后还是多亏空中力量的协助才拿下这场战斗。

当这场会战结束时，隆美尔只剩下 30 辆坦克，蒙哥马利还有不到 10

辆，但是英军在后方还有 600 辆未参加战斗的坦克，这是德军望尘莫及的。直到此时，隆美尔才接受德军已经失败的事实，病中的隆美尔下令撤军。

不过希特勒仍然下令让隆美尔继续坚持，电报中命令“不胜利，毋宁死，别无其他的道路”，隆美尔无奈，只好继续指挥非洲军团抵抗。德军此时只剩下一个师的兵力和 8 辆坦克。在蒙哥马利的强势追击之下，全线溃败，绝望的隆美尔不得不下令士兵抛弃沉重的武器和装备撤退逃窜，第二次阿拉曼战役结束。

时至今日，仍然有很多军迷都不相信是蒙哥马利击败了隆美尔。真正击败“沙漠之狐”的，其实是元首希特勒的错误决定！

甚至，希特勒后来面见大病痊愈的隆美尔，虽然他违抗了自己的命令，希特勒仍然热情地接待并称赞了他。隆美尔也直截了当地告诉希特勒：“我们完全是被对手的数量压倒的。”假如当时有足够的兵力，他完全可以抵挡住英军的进攻。

就连对手蒙哥马利也大度地肯定了隆美尔的论断：“假如德军把用在苏联的部分兵力和装备，尤其是装甲部队调往非洲，德军很有可能占领埃及和苏伊士运河。”

不过历史无法改写，正义终将战胜邪恶。阿拉曼战役的胜利如同一道阳光射进盟国的上空，让人们看到胜利的曙光。正如丘吉尔所说：“在阿拉曼战役以前我们是战无不败，在阿拉曼战役以后，我们是战无不胜。”随着阿拉曼战役的胜利，苏联的斯大林格勒保卫战也接近尾声，德军战无不胜的神话终将被打破，第二次世界大战开始进入新的阶段。

（胡晔）

斯大林格勒保卫战：不准退后一步

二战中有很多著名战役，都被拍成了影视作品，如敦刻尔克大撤退、诺曼底登陆、决战中途岛等。这些战役都有着至关重要的意义，甚至是局部战场的转折点。本章所讲的，可以说是二战中最重要也最惨烈的战役，那就是斯大林格勒保卫战。

历史上，俄罗斯大地永远是入侵者的噩梦。从 19 世纪初的拿破仑大军，到“一战”中的德国军队，再到二战中德国希特勒的军队，无一能在东方战线获取最终胜利。

二战中德军一开始计划短期内征服苏联，但在 1942 年 1 月的莫斯科保卫战中被打败后，其妄图短期征服苏联的计划就此破灭。

当时许多德军高层将领都建议将军队回撤至米乌斯河一带构筑防线，以防苏联军队发动反攻。然而希特勒却拒绝了所有关于回撤的建议，他认为当时德国面临的最大问题是资源短缺，唯一解决这一困境的办法就是占领苏联南部的高加索地区，并夺取这里的油田、铁矿、粮食，否则德国将不可能继续作战。

于是，希特勒决定改变战争重心，将首要征服目标定在高加索地区。

一开始，希特勒并没有把斯大林格勒放在眼里，也没想过占领。

1942 年 4 月，希特勒下令将德国南方集团军群拆分为 A 集团军群和 B 集团军群。按照希特勒制订的计划，A 集团军群向南直扑高加索油田，B 集团军群向东攻击位于伏尔加河畔的斯大林格勒。

这两支军队中，A 集团军群负责主要战略目标，即占领和夺取高加索地区的油田、铁矿等资源；B 集团军群负责辅助目标，通过攻击斯大林格勒来确保 A 集团军群的侧翼安全。

从这里看得出来，希特勒制定这“一战”略的初衷完全是为了抢夺资源。但随着战事的推进，希特勒却临时改变了想法。他突然认为斯大林格勒是一座必须征服的城市，于是不惜动用一切资源向这座城市发起猛攻，甚至将原本为 A 集团军群准备的陆军和空军预备部队全部投入攻占斯大林格勒的战役之中。

如果希特勒将赌注全部押在了高加索会战中尚且情有可原，毕竟只要征服了高加索地区，一方面可以使纳粹德国获得宝贵的资源，另一方面也切断了苏联的石油供给。可是他却临阵改变主意，将侧重点放在了并不是最重要的斯大林格勒上，而且如同着魔般一意孤行。

这是一种让军事史家费解的行动。唯一能对此做出解释的理由就是，希特勒认为这座以斯大林名字命名的城市代表着苏联人的精神信仰，如果能征服斯大林格勒，势必将极大打击苏联人的士气。结果斯大林格勒变成了一碗“迷魂汤”，吸引着希特勒放弃了任何战略构想和对未来的考虑，几乎是不顾一切地将资源都投入这个战场之中。

1942 年 7 月 17 日，德军开始向斯大林格勒进军。此时斯大林终于意

◆ 斯大林格勒战役的纪念馆里，悼念母亲的雕塑。

◆ 苏联第 28 集团军的一名指挥官叶廖缅科，高举自己的配枪 TT33，组织部队发动一次冲锋

识到苏军已经丧失了这座城市防御主动权。

对于苏联来说，斯大林格勒不仅战略地位重要，也有深刻的象征意义。1918 年，斯大林在这里领导了著名的察里津战役，击溃了来势汹汹的哥萨克白俄军，这场战役巩固了十月革命的成果，捍卫了初建的苏维埃政权。这座城市无论对苏联还是对斯大林本人来说，都有着特别的意义。斯大林绝不允许这座以自己名字命名的城市失守，这将是他的奇耻大辱。

他立即向斯大林格勒调集援军，全力投入防御作战。7 月 28 日，他下达了著名的第227号命令：任何岗位的人员都“不准退后一步”。在斯大林的紧急调兵遣将之下，苏军暂时把德军阻挡在城外，但是两翼都处于德军的包围之中，情况十分危急。

8月23日，德军前锋距斯大林格勒城只有5公里。同天夜里，德军开始发动空袭，2000架飞机突然出现在斯大林格勒上空，对这座城市进行了猛烈的狂轰滥炸，一夜之间就有3万多人丧生，其中不仅有参战的士兵，还有很多无辜的苏联百姓。而此时城内的苏军数量只有德军的一半。

斯大林意识到面临的形势异常严峻，他只能再将希望寄托在将领朱可夫身上，因为在苏联的众多将领中，只有朱可夫始终保持着战无不胜的纪录，是苏联灵魂式人物。他一边把朱可夫派往前线，一边调动后备军前来支援。

8月29日，朱可夫抵达前线，他组织了几次反击战斗，但是由于准备仓促，并没有取得预期的战果。苏军的外围防线陆续丢失，有些德军甚至突破城防，进入城郊，占领当地军工厂，直接补充自己的损耗。

◆ 苏军元帅朱可夫

为了激励和敦促德军，9月12日，希特勒亲抵现场，他表扬了德军取得的成就，然后命令他们次日就发起对斯大林格勒的全面进攻，要不惜一切代价占领这个城市。希特勒之所以这么着急是因为有莫斯科保卫战的前车之鉴，苏联的冬天太可怕了，所以一定要在冬天到来之前结束战役。

9月13日，德军先用轰炸机对

城区进行一轮狂风暴雨式的轰炸，几乎把斯大林格勒变成了一座废墟。然而，炸弹和机枪可以摧毁一座城，却永远不能摧毁士兵的精神和意志。虽然这时候斯大林格勒城 80% 的建筑物都被摧毁，但是苏军没有一个人撤退，而且根本不打算弃城逃跑。只要还有一个士兵存在，斯大林格勒就没有失守。之后，苏军和德军在废墟中展开了长达 2 个月的巷战。

即使在军事技术如此发达的今天，巷战都是十分难打的。

起初，德军仍然采取进攻的态势，他们像排雷一样对每一座房子和小巷进行扫描式的检查。但是苏军的抵抗也非常顽强，城外的军团夺回伏尔加河的运输权，通过航道和铁路向城内输送士兵和食物，保证城内不会因物资缺乏而退战。苏军的有些坦克直接从工厂的生产线开到了战斗前线，甚至来不及涂上油漆和安装射击瞄准线，可以想见战斗激烈到什么程度。

事实证明，德军的巷战是十分失败的，最终苏联仅用两个残破不堪的集团军硬是拖住了德国最精锐的第六集团军，为苏军的反攻赢得了时间。

巷战的惨烈程度超乎德军的想象，他们怎么也没想到战争打到这里如同陷入沼泽地一般，攻也攻不下，退也退不出。德军随即改变策略，决定调遣迫击炮等重装甲部队开入城内，对斯大林格勒进行第二轮的大规模轰炸。但由于城内布满了高达数米的瓦砾堆和废弃建筑，德国的坦克毫无用武之地，而且即使坦克能够前进，也会遭遇在楼顶的苏军反坦克武器攻击。

此外，苏军的狙击手也十分难缠。他们利用废墟做掩体，给德军造成了极大的伤亡，其中一个狙击手两个月的时间里击毙了 224 个德军。经过三个月血腥的战斗，德军终于在 11 月缓慢地推进到伏尔加河岸，占领了斯大林格勒 80% 的城区。

◆ 斯大林格勒巷战

不过占领只是暂时的，两个月的时间已经使苏军在斯大林格勒城外集结了大量的军队，正在酝酿大规模的反攻。

11 月 19 日，朱可夫制定的“天王星行动”开始实施。出乎德军意料的是，苏军的行动能力如此强大，他们仅用了 4 天时间就把德国的第六集团军共 27 万人包围在城内，断绝他们与外界的一切联系。

由于长时期的巷战，再加上被围困，越来越多的德国士兵出现了抱怨的情绪。第六集团军司令保卢斯向希特勒汇报了军队的情况，实际上他想得到撤退的命令。

但是希特勒根本不会接受撤退，他告诉保卢斯会持续给第六集团军提供资助，空军将把物资空投入苏军的包围圈内，保卢斯应该继续坚持作战，直到取得最后的胜利。之后他将希望寄托在“纳粹三大名将”之一的曼施坦因身上，任命他为进攻斯大林格勒地区的总司令，率领剩余的军队继续攻占这座顽强不屈的城市。不过德国的空投物资根本无法满足被围困军队的需求，飞机需要经过天罗地网才能到达斯大林格勒的上空，很多飞机没到地方就被苏联打下去了，飞到地方的飞机投递的地点也不一定准确。加之漫长寒冷的冬天成为苏军最好的帮手，德国大量的士兵被冻伤。总之保卢斯带领的第六集团军是内外交困。

到了 1943 年 1 月 22 日，保卢斯实在支撑不下去了，再一次跟希特勒提出投降的请求。万般无奈的希特勒居然将抵抗的希望寄托在给士兵们加官晋爵上，他急忙发出一封电令，升保卢斯为陆军元帅，其余 120 名军官都官升一级，希望这样能够加强德军将士们“光荣殉职”的决心。他甚至跟保卢斯说：“德国没有一位被俘虏的元帅。”言外之意就是你要是投降还不如自杀算了。

已经在严寒饥饿下跟苏军死磕 5 个月的保卢斯终于对希特勒绝望了，在晋升元帅后的第二天，他依然选择了投降。希特勒一语成谶，保卢斯成为德国第一位被俘的元帅。他后来加入了德国军官反法西斯联盟，公开反对希特勒指挥的战争。1946 年还前往纽伦堡国际法庭作证。

苏联经过艰苦的努力，终于取得斯大林格勒保卫战的胜利。它成为二战东线战场的转折点，德军自此完全丧失了对苏德战场的战略主动权，从此轴心国进入全面防御的阶段。

斯大林格勒保卫战几乎是一场用肉体堆积出来的胜利。虽然结果是好的，但它的过程鲜血淋漓得可怕。

对苏军来说，进入战场的很多士兵平均存活时间只有 24 小时，军官也有很多不超过 3 天时间就会战死，都是在拿命来守卫自己的家园。历史上，任何一场战争，都不是几个大帅运筹帷幄的事，它一定是由一条条鲜

◆ 1943 年 1 月 31 日，苏联斯大林格勒，德国第六军团的指挥官弗里德里希・保卢斯（左一）向苏军投降

◆ 德军战俘

活的生命筑造的。

在这之前，纳粹德国在希特勒的领导下，先后拿下了几个版图较小的国家，然而面对国土广阔的苏联，德军的进攻就显现出了吃力。德军对斯大林格勒的进攻可以类比于日本对南京的攻打，它们对平民的屠杀都到了泯灭人性的地步。

斯大林格勒没有沦陷，并且这并不是一场战役的终结，而是另一场悲壮反击的开始，是人类民主自由阵线走向胜利的开始。

（胡晔）

文明的故事

当代的秩序

THE STORY of CIVILIZATION

布雷顿森林体系的建立：美元开始一统天下

1943 年，二战进入了后期。在丘吉尔、罗斯福、斯大林举行三国首脑会议之后，盟军开辟了第二战场。

280 万同盟军在诺曼底登陆，苏军也开始更为猛烈的全面反击，战争形势一片向好。眼看二战马上要打完了，需要思考一下战争结束后的世界新秩序建立问题了，就是在战后的未来到底谁说了算。

对于国家来说，金钱和军力等于话语权。二战刚结束，再动武是不可能了，那么就剩下钱了，控制了货币就等于掌握了新秩序的话语权。

1944 年 7 月 1 日这天，位于美国新罕布什尔州白山国家森林西北部的布雷顿森林小镇突然热闹了起来，山下小镇狭窄的街道上停满了轿车和军用卡车。远处的华盛顿山上，大客车把一车车乘客运往山上的华盛顿山饭店。

山上发生了什么事呢？原来，英国和美国在这一年达成共识，约定在二战结束后建立一个国际货币组织。为此，来自美、苏、英、法、中等

◆ 二战期间英美签订 40 亿美元贷款计划

44 个同盟国的 700 多名代表在布雷顿森林小镇会聚一堂，共同商讨这一问题。这可以说是数十年以来最重要的国际会议之一，而今天恰好是会议开始的第一天。

会议的主角是美国和英国，它们都抱着志在必得的决心。

要知道二战前，英国是世界第一殖民帝国，拥有约 3000 万平方公里的殖民地，相当于全球陆地面积的四分之一；大英帝国总人口超过 4 亿人，占世界总人口的六分之一；二战前，英国掌握着世界上除了巴拿马以外的所有海上航线，拥有世界贸易的垄断权。

但是，这都是二战前的场景了。

二战期间靠着大发战争财迅速成长起来的老美可就不服气了，也想当

PICTURE POST

Vol. 6 No. 11. March 16, 1940

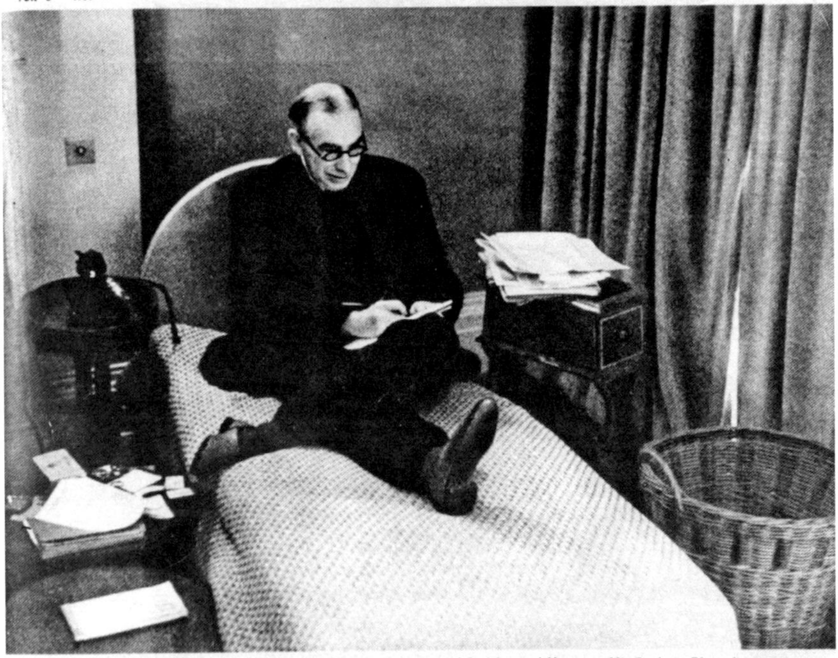

UNOFFICIAL ECONOMIC ADVISER TO GREAT BRITAIN: *John Maynard Keynes in His Study in Bloomsbury*

It was he who foresaw the evil results of Versailles while that treaty was still under construction—and resigned an important job to make them known. To-day, at the age of 56, he has produced a plan for financing the war and avoiding its most disastrous economic consequences.

MR. KEYNES HAS A PLAN

To carry on a war successfully we must spend over £2,000 millions a year. How are we to pay? How are we to avoid inflation? In this article Kingsley Martin, Editor of "The New Statesman and Nation," writes of the man who has given an answer to those questions, describes the answer which he gives.

WHEN "The Economic Consequences of the Peace," by John Maynard Keynes, was published in 1919 it caused a prodigious sensation. Here was an important member of the British delegation at Versailles, who had resigned his post in order to tell the truth about the Treaty. The sensation was due at least as much to the book's literary quality as to its expert substance. Those who knew nothing of economics could appreciate, if only from quotations in the press, Mr. Keynes's brilliant picture of M. Clemenceau, Mr. Lloyd George and President Wilson at Versailles. It successfully put over the point that the American President had kept his Puritanical conscience clear by insisting on verbal consistency with the Fourteen Points, while allowing cunning men to find ways of getting round them. It convinced us all that, whatever the other merits or evils of the Treaty, its real vice was its failure to treat Europe as an economic whole and to reconstruct it for the benefit of the common people. It was a treaty of strategy and national greediness—with the League of Nations thrown in to make it look pretty.

◆ 1940 年，凯恩斯制订了一项计划，为战争提供资金，避免战争带来最灾难性的经济后果。

老大。毕竟，当时美国工业生产能力达到全世界的一半以上，一度达到六成。并且通过战争期间的军备贸易，积累了大量的财富。在技术、军事、财力各个方面都已经跃居世界首位，此时不称霸更待何时？

于是两方都开始磨刀霍霍，准备起来。

英国亮出了“撒手锏”，推出经济学家凯恩斯负责起草战后国际货币秩序的方案。凯恩斯可是当时最有影响力的经济学家，世人皆知，早在1919年就因成功预言《凡尔赛和约》所规定的对德赔偿一定会造成毁灭性的经济后果而名噪一时。在30年代的世界经济大危机时期，他主张政府干预经济的理论指导许多国家渡过经济危机，因此被誉为“战后繁荣之父”而深得人心。他的著作《就业、利息和货币通论》至今仍是所有经济系学生必读书目之一。

◆ 英国经济学家凯恩斯

让凯恩斯牵头，英国自信满满，凯恩斯也是胸有成竹。

到了美国这边，美国政府却让一个相对名不见经传的哈里·怀特来牵头。

怀特当时是美国财政部长助理，但是这个人确实了不得。在二战过程中，他就提出了“两个凡是”：凡是在二战中接受美国援助的国家的士兵，必须使用美元；凡是在二战中被美国解放的一些地区，他就大力推行美元，以一种便宜卖方的形式。换句话说，你只要拿本国货币换美元，就多给你一点，原来十元换一元，现在只要九元就给你换，这使得大家对美元趋之若鹜。这些计划其实都是“怀特计划”的一部分，而且在1941年底就已经提出来了。

要知道，美国在1941年12月7日后才加入太平洋战争，正式卷入二战。换句话说，美国人一参战就知道自己肯定能赢，已经在铺后路了。

7 月 4 日，第一次全体大会在华盛顿山饭店的礼堂举行。整个礼堂在此时此刻成为没有硝烟的战场，双方各自提出了计划方案，都憋着劲要获得会议的主导权。

首先发言的是凯恩斯，他用连珠炮一般的语速向大会介绍了英方的立场：

“先生们，众所周知，英国是世界上最大的外贸国家，拥有世界上最大的商船队，在战前也与世界绝大多数国家都保持着良好的贸易关系，因此，我建议，新的国际货币组织应该以英镑为基础。”

加拿大代表发言：“我说两句，我是加拿大代表，的确，凯恩斯先生的方案能够符合大多数国家的利益。我们都知道，从遥远的中东到东方的中国，再到距离我们不远的南美洲和加勒比海地区，到处都是我们英联邦的贸易伙伴，到处都是使用英镑进行贸易的国家，因此我们认为，凯恩斯先生的计划是最合理的，是最有可能实现的。”

“为什么？凯恩斯先生？请问凭借贵国的力量能够担下如此重任么？”

怀特扶了扶自己的眼镜，一字一顿地说道。

“请原谅我说话直接，但是实话说，您的国家已经在这场战争中承受太多负担了。我想，在座的诸位都知道，仗打到今天的地步，伦敦的三分之一已经化为焦土，全英国的商船队此时已经损失过半，光是为了运输我国援助贵国的物资就耗尽了大部分运力。请问，贵国拿什么支撑英镑成为国际货币呢？与凯恩斯先生的意见相反，我认为，美国以及美元，才应该成为世界货币的基础。”

怀特所说的一点也不假。此时的美国依靠战争大发了一笔，掌握了全世界四分之三的黄金储备，还拥有全世界最为发达的经济体系。最值得注意的是，战火从未烧到美国的本土，因此整个国家也并未受到战争的直接打击。

大洋彼岸的英国正好相反，这个昔日的老大帝国不仅因直接处于战争中心尚未恢复元气，更重要的是，它的财政储备已经枯竭，昔日以英国本土为核心的贸易体系在战火中也已经瓦解，囊中羞涩的大英帝国已经难以支撑其世界霸主的地位了。

听到这一席话，凯恩斯激动愤怒，却仍然保持沉默。因为没有人比他更了解自己祖国极度严峻的财政状况和经济形势了。而怀特恰恰切中要害。

凯恩斯不仅了解英国财政枯竭的现状，而且根据他的计算，仅仅在战争结束后的头三年，英国就将因贸易赤字损失 60 亿—90 亿美元，这还不包括重建国家的费用。

因此，虽然表面上凯恩斯还是社交界、新闻界和学术界的明星，但自己的国家并没有给他一副好牌。相反，凯恩斯还需要尽量争取来自美国的资金援助，这无疑让他变得更加没有底气。

凯恩斯的沉默给了怀特更多的勇气，他充满信心地补充道：

“我们的立场是坚定的……诺克斯堡储存的黄金是使我们在这场会议上处于强势地位的原因……这也是使我们实际上统治了金融世界的原因，因为我们可以凭借它获得任何货币。”

随后几天，会议基本上按照美国人的意愿进行了下去，怀特的方案成为建立新的国际经济合作关系与货币组织的蓝本。英国人在会议上就某些细枝末节的问题徒劳地进行了反抗，但收效甚微。

对于会议中美国取得的优势，一家报纸用棒球形象地打了一个比方："拥有棒球的孩子通常是队长，并决定何时何地来玩这个游戏，以及哪些人可以一起玩。虽然国际货币并不是打棒球，但它也是一场游戏。黄金之于这场游戏的重要性，就像棒球和球棒对棒球游戏的重要性一样。根据统计，全世界一共有价值 280 亿美元的黄金，但仅仅是我们美国就拥有其中的 220 亿。既然如此，我们认为山姆大叔当仁不让地应该扮演队长的角色。"

会议使凯恩斯心力交瘁，导致在 7 月 19 日心脏病突然发作。无疑，即使是再优秀的经济学人才，在大势所趋之下也难以力挽狂澜了。

7 月 23 日，布雷顿森林会议结束了。凯恩斯在闭幕仪式中发表了令人感动的告别演说后黯然回国。自此，美元等于黄金，金汇兑本位制正式成

◆ 美元成为世界结算货币

立，这也成为二战后世界金融秩序的核心。

可以说，美国人在这场世界金融霸权的争夺战中获得了绝对的胜利，英镑作为曾经的世界货币随着英帝国的没落而走下神坛，美元则在美国国力大增的背景下开始崛起。二战后，布雷顿森林体系为美元霸权地位的确立提供了制度保障。

但这也带来了一个根本性的问题。在当时，美国处于贸易出口的核心地位，长期处于贸易顺差。换句话说，美国向全世界输出商品，收回美金，这就导致全世界美元的紧缺。后来欧洲战局出现危机，也就有了马歇尔计划。

（韩毅）

马歇尔计划：复兴西欧经济的一针强心剂

1945 年 2 月，就在布雷顿森林会议结束不久，由苏联最高领导人斯大林做东，约了美国总统罗斯福和英国首相丘吉尔在克里米亚的雅尔塔皇宫见面。

他们仨各自带着大臣们开了一个礼拜的会，会后一起签下了《雅尔塔协定》，雅尔塔体系作为战后新的国际体系也就在他们谈笑间诞生了。

二战以后的世界格局该由谁来主导？罗斯福心里是矛盾的，美国去主导吧怕惹上麻烦，不主导吧美国是地球最强国家，“光荣孤立”已经不适用了。

六年的二战打下来欧洲列强们都不行了，新世界的主导权总不能交给苏联人吧？罗斯福最后的态度是折中的：美国当然要主导，但是不能自己一家全部负责。

他的设想是英国和苏联负责欧洲，中国负责亚洲，美国统治美洲和其他地方。几个重要的地方被几个大国主导，然后美国再影响和控制这几个大国，这样问题就解决了。可惜的是，开完雅尔塔会议后过了两个月，罗斯福突然离世，副总统杜鲁门转正，他并没有延续罗斯福那团结合作的政策。

战后欧洲是破败而艰难的。

欧洲大陆的许多著名城市大部分成为一片废墟，或者至少遭受了严重的破坏。即使是英国和法国等战胜国，在战后也因为粮食奇缺而一直维持着食品配给制度。

作为战败国的德国、奥地利和意大利情况更差，民众饥寒交迫，奄奄一息。因为缺乏工业原料，加上公路、铁路和码头等基础设施几乎被战火毁坏殆尽，这些国家的工业生产趋于停滞。

此外，由于外汇储备枯竭和国库空虚，货币变得一文不值。无论是大城市还是乡村，黑市交易和犯罪率节节攀升。民众对政府充斥着各种不满和质疑，苏联模式开始在欧洲各地蔓延。在美国人看来，苏联人已经控制了波兰、匈牙利、罗马尼亚、保加利亚和捷克斯洛伐克等国，且正在南斯拉夫、土耳其和希腊进行扩张。这意味着苏联的触手同时向亚洲和欧洲伸展。美国人感到了威胁，罗斯福的大国合作模式被抛弃，开始以对抗模式与苏联相处。

要跟苏联对抗，美国必须和欧洲合作，让欧洲主动跟苏联模式划清界限。美国有这个意向，欧洲人也期待美国的照顾，原因是日子过得实在艰难，而且苏联看上去还是挺吓人的。

当然对抗苏联只是美国和欧洲合作的一个原因，另一个原因是美国自身的问题。

二战 1939 年爆发到 1945 年结束，美国真正介入快到 1942 年了。前面的3年美国人忙着赚钱，各行各业开足了马力，给交战方供应武器和物资，同时也给他们放贷款，可以说虚拟经济和实体经济一片火爆。

等战争一结束，雪片般的订单突然没了，美国的制造业面临严重的过剩。战争结束导致军工业就得转向民用市场求生存，可是美国人自己消化不了那么多东西，必须得找地方处理。

然而让杜鲁门绝望的是，昔日最优质的欧洲市场是一片废墟和衰败，如果不去挽救它的话，美国的好日子撑不了两年，之后一定是经济危机。

杜鲁门在干完了罗斯福的任期后，在1947年自己竞选成功连任。他立马挑了五星上将乔治·马歇尔做他的国务卿。马歇尔将军是二战时期美国陆军的总参谋长，在反法西斯战争中立下了赫赫功勋。他在总参谋长任上积累了巨大的威望，表现出高超的统筹规划能力，受到了各方的好评。在战后，美国总统杜鲁门还曾委派他前往中国，调停国共两党之间愈演愈烈的冲突。

除了军事上的成就，马歇尔最著名的政绩莫过于“马歇尔计划”了。这个援助欧洲的计划既是为了恢复欧洲的经济，也是为了联合欧洲对抗苏联，以及解决自己的经济危机。

◆ 美国国务卿马歇尔

1947年马歇尔在哈佛大学接受他的荣誉博士学位时，发表的讲话详细描述了这个计划。包装过的计划充满了美好的色彩，非常打动人心。

美国的援欧计划一经提出，很快得到了英法的回应。而且不出美国人所料的是，苏联人虽然最初声称要参与这一

◆ 乔治·马歇尔在哈佛大学发表演讲，概述了援助欧洲经济复苏的“马歇尔计划”

计划，但很快就退出了。这样，这份计划变成了不折不扣的援助西方阵营势力范围内欧洲国家的计划。

1947 年 7 月 3 日，英法两国外长邀请 22 个欧洲国家派代表前往巴黎共同起草欧洲复兴计划的蓝图。除了捷克斯洛伐克因为苏联的命令拒绝参加以外，其余国家均欣然前往，马歇尔计划就此开始起步了。

一般情况，国际经济援助分为三种：第一种是纯帮忙不图回报，比如救灾或人道主义援助；第二种是互惠互利的，这种带有明显的目的性；第三种是明确利己的，把自己的利益放在重要位置。以这三个标准看，马歇尔计划勉强属于互惠互利的援助，但是也有利己的特征。

◆ 1948 年 4 月英国伦敦，丘吉尔在美国大使馆为美国国务卿乔治・马歇尔开招待会

◆ 1948 年 9 月 22 日，第三届联合国大会美国代表团（右一为马歇尔）

◆ 1948 年 10 月 18 日，马歇尔抵达意大利钱皮诺机场时被记者包围

援助款项拨给欧洲以后，美国要求受援国跟自己签协议，协议里就写了花钱的方式。一开始拿到钱的欧洲国家最想买的是各种生活物资，这些东西被要求必须从美国买；而且援助国和美国签了各种投资协议和贸易协议以及减免关税的协议，这些东西一起确保了美国企业顺利地进驻欧洲市场。

从 1947 年开始到 1951 年结束，马歇尔计划共花出去了 131.5 亿美元，这些钱的相当部分以各种方式回到了美国企业家手里。从这些钱的用途来看，美国是通过马歇尔计划把国内过剩的产能转移到了欧洲，给自己培养了战后的新市场，并且让欧洲比过去更加依赖美元。

不过这场援助对欧洲经济的带动作用是非常大的。在计划刚刚启动的 1947 年，欧洲经济徘徊在二战之前的水平，根本看不到增长的迹象。

马歇尔的援欧计划从 1948 年开始，持续到 1951 年。这是欧洲历史上经济发展最快的四年，不仅工业和农业生产恢复到了战前的水平，战后初期的饥饿和贫穷也销声匿迹了。更重要的是，西欧各国从此进一步巩固了与美国的关系，有力地促进了西欧与美国的同盟的形成，这也为战后东西方两大集团的形成铺平了道路。

（韩毅）

为足球而战，开农用飞机去轰炸：100 小时战争背后的中美洲乱局

前面我们讲了很多关于欧洲和美国的历史，但对美国以外的美洲着墨甚少。

20 世纪的两次世界大战我们前面都已经讲过，那你知道在美洲会发生什么，战争抑或经济危机？但答案一定会让你吃惊，居然是足球引起的战争。

体育，往往被视为和平年代的战争。

在众多体育项目中，足球由于场地开阔，参赛选手众多，既讲究单兵作战，也依赖团队配合，比赛风格又受到阵形的直接影响。因此，足球被认为与真正的战争最为接近。

美洲是足球世界里的一块沃土，这里诞生过世界上最好的足球运动员，比如马拉多纳、贝利、梅西……

这里的人们视足球如宗教信仰，为故乡、祖国的球队作战，会让人落泪，甚至疯狂。

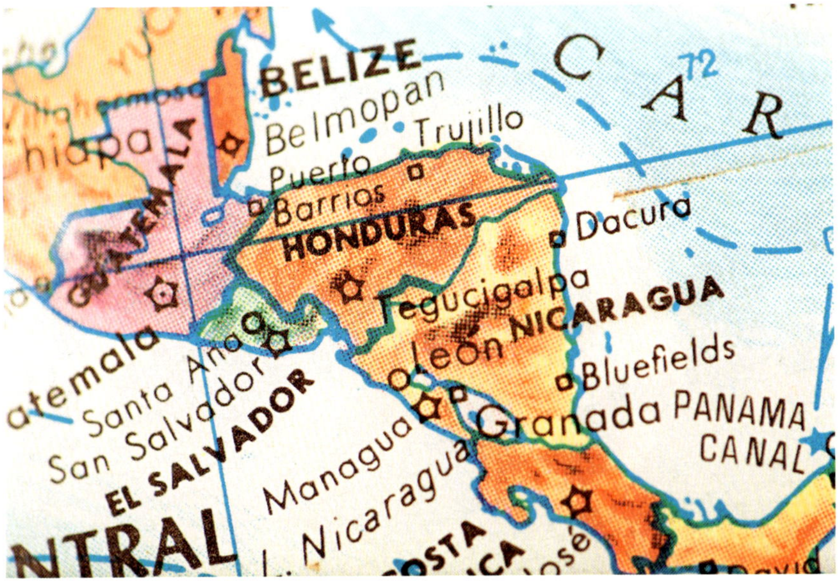

◆ 中美洲地图：洪都拉斯和萨尔瓦多相邻

这里的比赛火爆无比，场地需要安装铁丝网，配备防暴警察。

这里的球员进了乌龙球，会被愤怒的球迷枪杀。

这里的总统、老板也是球迷，会在重要的比赛日，给下属放假。

这里的老爷子、老太太，会和孙子、孙女一道，高唱队歌。

这里的贫民子弟，在沙滩上赤脚练球，梦想着改变自己和家庭的命运。

20 世纪 60 年代，两个美洲小国，甚至为了足球，打了一场真刀真枪的战争。

1969 年，距离墨西哥世界杯开幕，只剩下一年时间。世界杯预选赛已经进入如火如荼的收官阶段。

在中北美洲赛区，萨尔瓦多和洪都拉斯这两个邻居狭路相逢，为争夺

◆ 2019 年，洪都拉斯和萨尔瓦多足球队在比赛中

一张通往世界杯决赛阶段的门票，展开了激战。

6 月 8 日，在洪都拉斯首都特古西加尔巴，两队展开第一回合的交锋。洪都拉斯队以一比零险胜。

然而赛后，萨尔瓦多队却向外界抱怨，比赛前夜，大批洪都拉斯球迷来到萨尔瓦多队下榻的宾馆外，故意制造噪声，载歌载舞，敲锣打鼓，像过节一样热闹。骚扰起到了效果，许多萨尔瓦多队员抱怨，彻夜未眠的他们根本无法全身心投入比赛。

不仅如此，比赛期间，两队球迷还发生了激烈争执，乃至于大打出手。

第二回合，两队移师萨尔瓦多的首都圣萨尔瓦多。

这下不用多说，你也能猜到。萨尔瓦多球迷也如法炮制，拿起录音机和高音喇叭，也到洪都拉斯队下榻的宾馆外，跳了一夜广场舞。

果然到了赛场上，洪都拉斯队状态全无，萨尔瓦多队以三比零的比分，还以颜色。

场下两队球迷再次爆发肢体冲突，激烈的程度，甚至较之第一回合，有过之而无不及。

由于前两场交锋双方各胜一场，两队又于6月27日，在中立国墨西哥的首都墨西哥城，进行了一场附加赛，“一战”决定胜负。

本场比赛，双方球员为捍卫本国荣誉，使出浑身解数。萨尔瓦多队将死对头洪都拉斯队淘汰出局，赢得了下一年参加世界杯决赛的资格。

失败的消息传回国内后，洪都拉斯球迷在全国范围内，发动了多起骚乱。愤怒的他们，把泄愤的目标锁定在了洪都拉斯国内的萨尔瓦多移民身上，一场大规模的种族迫害就此爆发。

1969年7月14日下午，萨尔瓦多宣布全国进入灯火管制状态。继而萨尔瓦多空军出动飞机，轰炸了洪都拉斯境内的多个目标。借助空军的配合，萨尔瓦多陆军沿着两国之间的两条主要道路，公然侵入了洪都拉斯的国土。

一场始于足球比赛的国际战争，就此拉开了序幕。

表面上这是一场为足球而打响的战争，因此人们也叫它“足球战争”。这场战争，或者说闹剧，只延续了4天时间，所以又被戏称为“一百小时战争”（100 Hours War）。

但实际上这场战争的背后，深藏着萨尔瓦多和洪都拉斯之间长达数十年的宿怨。足球比赛只是一根导火索，它引燃的是中美洲旷日持久的政治乱局。

◆ 美国短篇小说作家欧·亨利肖像

自19世纪拉丁美洲独立战争后，中美洲各国长期政治动荡，内战、革命频发，政府如走马灯般换个不停，经济也随之停滞不前。各国的财政收入高度依赖香蕉、咖啡等少数几种农作物的出口。为此，人们给中美洲的这些小国，送了一个雅号——“香蕉共和国”（Banana Republic）。

第一个使用“香蕉共和国”一词的，是著名的美国短篇小说之王欧·亨利。他之所以发明这个词，是为了讽刺被美国的水果进出口公司玩弄于股掌间的中美洲小国，如今天故事的主角洪都拉斯。

虽然在美国人的眼里，洪都拉斯早已沦为笑料，但实际上，该国在中美洲的处境，绝不是最糟糕的。

洪都拉斯的国土面积，达到11.25万平方公里，与我国的江苏省差不多大小。不过，1969年时，该国的人口却仅有260万人，只有现在江苏省人口的1/30，人地矛盾并不十分突出。而且，除了出口香蕉，该国的土地还蕴藏着丰富的矿产资源，特别是白银的储量，更是在中美洲各国中位居第一。

相形之下，与洪都拉斯毗邻的萨尔瓦多，却是中美洲面积最小、人口最稠密的国家。它的国土面积仅有2万平方公里，仅仅是洪都拉斯的1/6。1969年时萨尔瓦多的人口，都已经达到370万人，接近洪都拉斯的1.5倍。不仅如此，本来就国土狭小的萨尔瓦多境内还分布着大量火山，被称为“火山之国”，其中的多座火山正处于活跃状态，时刻可能危及民众的安全。

因此从 20 世纪初开始，萨尔瓦多人就像潮水一样，一波波地涌向洪都拉斯。截至两国开战的 1969 年，已经有超过 30 万萨尔瓦多人移居洪都拉斯，构成了洪都拉斯常住人口的近 1/9。不用说，这么多萨尔瓦多移民，就是冲着洪都拉斯境内丰富的耕地资源来的。

可是，洪都拉斯也像中美洲的许多小国一样，国内的大量土地，掌握在大地主或者大公司的手中。

举个例子，光是美国联合果品公司就占有洪都拉斯全部土地的 10%。这个联合果品公司，在中美洲的大部分国家都跑马圈地，建有庞大的农场，不仅在经济上自成一体，还自组军队，自订法律，可以随意逮捕、处置造反的农民，几乎是中美洲的“国中之国”。

在有些国家，如危地马拉，面对当地政府的干预，联合果品公司甚至会暗地里勾结反政府力量，不服那就颠覆政权。

而在洪都拉斯这样的国家，因为国民经济高度依赖对美国的水果出口，当政者不得不对联合果品公司一忍再忍，容许它们蚕食本国的土地。

这么一来，本来人口密度很低的洪都拉斯，竟然也开始面临耕地不足的难题。既然无法向联合果品公司动刀子，那么，政府的矛头，就必然要指向非法入境的萨尔瓦多移民。

1967 年，洪都拉斯颁布了新的土地改革法案，允许各级政府采取强硬手段，没收被萨尔瓦多移民占据的土地。

许多已经在洪都拉斯生活了几年乃至几十年的萨尔瓦多人，一夜间丢掉了谋生的农田。他们当中有的人早就通过买卖，成了合法持有土地的定居者，有的人更是早已和当地人结婚，有了几代同堂的家庭。可是现在，他们一下子变得一无所有，成了妻离子散、流离失所的难民。

对萨尔瓦多来说，这更是一则糟糕透顶的消息。

长期以来，萨尔瓦多国民经济的一大来源，就是侨居洪都拉斯的本国移民的汇款。如今这笔收入来源，眼看着就要被洪都拉斯政府活生生地切断了。更何况萨尔瓦多本来就人地矛盾突出，如果这批难民受到驱逐后两手空空地返回本国，必将造成萨尔瓦多社会的动荡，加速经济的衰退。

两国政府间的矛盾，以及两国人民间的怨气，一天天地发酵，终于在1969年以世界杯预选赛为借口，像萨尔瓦多的火山一样，喷发了出来。

就在6月27日，两国足球队正在墨西哥城参加附加赛的当天，气不打一处来的萨尔瓦多政府，解除了与洪都拉斯的一切外交关系，并向外界发表声明，声称自从在萨尔瓦多进行第二回合比赛以来，短短10天里已经有11700名萨尔瓦多人，被强行剥夺土地，赶出洪都拉斯。

声明还指出，洪都拉斯政府“没有采取任何措施，阻止针对萨尔瓦多公民的大规模驱逐，以及伴随而来的谋杀、迫害、强奸、抢劫等暴行”。萨尔瓦多政府甚至把洪都拉斯人的所作所为，解释为一场蓄意的“种族灭绝”。

正是在这样的历史背景下，7月14日，萨尔瓦多率先发动了战争，洪都拉斯也很快以牙还牙。就这样，历史上唯一的一场足球战争，就此爆发。

然而，由于两个国家的国力和军事实力都相当落后，这场战争进行得很富有喜剧感。两国陆军所使用的，几乎全是二战期间就已经投入战场的旧式武器。像M3轻型坦克、M101榴弹炮，这些20多年前就被美军淘汰下来、本应放入军事博物馆的老古董，却在中美洲的高山上、峡谷里，再次大发神威，让怀旧的世界军迷大呼过瘾。

不过，由于中美洲山地纵横不便行军，两军的交锋，总体上以空军的较量为主。而两国的空军，同样依靠的是二战期间服役的古董飞机，这些老旧的活塞式螺旋桨飞机，早已被欧美强国抛弃，余下的也大多只用作教练机而已。可是在中美洲，它们却焕发了青春，成为两国宣泄民族感情的利刃。

萨尔瓦多空军一上来，就采取二战期间德军“闪电战”的策略，试图先发制人，摧毁洪都拉斯境内的主要机场。让人哭笑不得的是，即使是拿古董战机来凑数，萨尔瓦多空军的战机，也实在数量有限，以至于不得不抽调了多架民用客机，以及洒农药的农用机。

为此，飞行员往客机、农用机的两扇翅膀上，绑上了炸弹。到达目的地上空后，再依靠人力给炸弹松绑，完成“投弹”。

以这种原始的手段进行轰炸，命中率自然很不乐观。洪都拉斯的机场，也并没有按照萨尔瓦多人的设想，被尽数摧毁。到了两天后的 16 日早上，洪都拉斯已经缓过劲儿来，也组织起了对萨尔瓦多的第一次空袭，并且艰难地炸毁了萨尔瓦多沿海的部分石油设施。

只有 260 万人口的洪都拉斯，在兵员方面捉襟见肘。眼见萨尔瓦多人一步步逼近本国首都，他们一面在战场上摆出强硬姿态，一面向美洲国家组织及时发出了调停申请。

面对国际压力，尤其是美国的施压，萨尔瓦多只好停止了进攻。

7 月 18 日，两国实现停火。这场大大损耗了两国国力的战争，差不多刚好进行了 4 天，大约 100 个小时。

整场战争下来，双方都成了输家。萨尔瓦多方面，除了人员伤亡外，大约 30 万的萨尔瓦多移民也受到牵连，被迫从洪都拉斯退回到耕地严重不足的萨尔瓦多。接下来的数十年里，因为人口过多，萨尔瓦多的经济越发低迷，终于在社会动荡之中迎来了漫长的内战和军政府独裁时期。

洪都拉斯方面也没有好到哪儿去。由于战争主要是在洪都拉斯境内展开的，大批洪都拉斯人被战火摧毁了家园，变得无家可归。

德国军事家克劳塞维茨曾经在其名著《战争论》中提出：战争，无非是政治的另一种延续。1969 年的足球战争，就是中美洲政治乱象的表象和延伸。而政治斗争的受害者最终都将是普通老百姓，无数的萨尔瓦多人和洪都拉斯人成为政治斗争的牺牲品。

（杨盛翔）

荷兰病：石油业繁荣的『棘轮效应』

朋友，你梦想一夜暴富吗？你想要买彩票中大奖吗？

但暴富的美梦可能并没有那么美，有的时候还会伴随着意想不到的惊吓。今天我们就来看一个一夜暴富的真实故事。

65 岁的杰克·惠特克是一位事业小有成就的建筑承包商，平日里与妻儿生活在美国弗吉尼亚州的一座小镇之中，生活虽然波澜不惊，但也衣食无忧。

杰克有一个购买彩票的习惯，每个礼拜都会定期在住宅附近的超市购买彩票。这一天，他照常买了 100 美元的彩票，但是与往常打水漂不同的是，这次竟然中了头等奖，获得了 3 亿美元的巨额奖金。这可是一笔普通人一辈子都不敢想的巨款。

起初，杰克还算理智，花起来比较节制。但很快，他就无法按捺住自己内心的欲望，开始大手大脚地花起钱来。杰克开始频繁出入赌场，大肆购买奢侈品，过上了奢靡的生活。三亿美金可以造多久呢？这个问题好像很难回答，毕竟我没见过这么多钱。但杰克给了我们答案——四年。

◆ 做暴富的白日梦

他不仅在不到四年的时间里花光了所有奖金，还附赠了一大笔赌债，最后落得个妻离子散的下场。

有对彩票高额奖金获得者的最新研究显示，大部分中奖者在财富的刺激下都不得善终。可见暴富也不见得是好事，人的欲望就如潘多拉魔盒，一旦释放，后果可能是你无法承受的。

但如果把上面的主角杰克换成国家，结果会不会不同？也许风车的童话国度荷兰可以告诉你答案。

荷兰长久以来就是一个资源贫瘠、土地狭小的国家。我们这些生活在领土面积世界第三的大国的人们，可能很难想象，荷兰的领土面积只有 4 万平方公里。4 万平方公里是一个什么概念呢？也就是说，作为一个国家的荷兰，其领土面积仅仅比台湾岛稍大一点，而这其中还有五分之一国土是填海造陆得来的。

与中东遍地是石油不同，欧洲向来都被认为是缺乏油气资源的地区，在整个欧洲，只有罗马尼亚境内拥有数量少得可怜的油田。

但是凡事都有变数，欧洲缺油的情况在1959年因为一次偶然发现而改变了。就在这一年，人们在荷兰北部的北海海底意外地发现了规模巨大的油气田。经过测算，这座油气田仅天然气储量就位居世界第十，石油产量更是能够达到每年一亿吨的水平。

一开始，丰富的油气储备并没有让荷兰人特别兴奋。这是因为在50年代末，上至科学家下到老百姓都相信，只要几年时间，人类社会就会从以煤炭和石油为主要能源，直接过渡到以核能作为主要能源的新时代。

当时很多科学家甚至断言，再过几年每辆轿车都将装上一座小型的核反应堆，每家每户都会安装一座小型的核电站。总之，几乎取之不尽用之不竭的核能将一劳永逸地替代目前所有的能源。那时的天然气将会变成廉价的能源，不值得一提。

结果很明显他们错得离谱，直到现在科学家们的设想都没有变成现实。当然，他们也逐渐发现，核能的普及并不像他们想象的那么简单，如何做到核电站的小型化和防止核辐射就是一个十分困难的问题。更关键的是，虽然核能提供的能源能够持续数百年，但是一旦核电站需要维修或者干脆需要更换，那么付出的成本将极其高昂。

相反的是，石油和天然气资源的使用却越来越广泛，大有取代煤炭之势。尤其是天然气，对于欧洲来说，这种资源不仅成本低廉，而且污染极少，更重要的是产地接近，因此运输相对方便。于是，大量基础设施在修建时就预先考虑到使用天然气的可能性，越来越多的家庭也开始使用天然气生火做饭，天然气的使用得到了进一步普及。

20世纪70年代起，由于中东地区爆发战争，世界石油价格一路上涨。在1971年的一年时间内竟然上涨了三倍到四倍之多。可以说，自

◆ 荷兰石油钻探设备

70 年代起，石油和天然气产业真正迎来了自己的春天。

借着石油价格的暴涨和天然气的普及，荷兰大发了一笔横财。几乎是一夜之间，以往宁静的北海就布满了各种各样的勘探船和钻井平台，整片海域成为一片喧嚣的工地。从此，只需要凭借着其丰富的油气资源，整个荷兰就能赚得盆满钵满。能源行业成为荷兰的支柱产业，当时荷兰皇家壳牌公司的营业收入几乎等同于整个国家的经济收入，整个社会呈现出一片欣欣向荣的景象。

但是，在这一片烈火烹油的繁荣背后，却隐藏着巨大的隐患。

随着石油行业的兴起，其他产业发展所需的人力资源不可避免地被挤占了。但荷兰的人口本就不多，这意味着原来的饭馆厨师、汽车司机、工厂保安、电子工程师、工厂的机械师、农场的拖拉机手等，几乎所有行业的人，都被石油行业的高薪吸引进来。结果就是饭店老板招不到厨师和服

◆ 荷兰皇家壳牌公司

务生，快递公司招不到司机和快递员，警察队伍招不到警员，制造企业招不到工程师。而这些行业如果要与石油行业争夺劳动力，只有开出更高的工资，因此荷兰的人工费用迅速上涨，人力成本激增。

坐拥如此巨量的财富，荷兰人也开始变得懒惰起来。荷兰本身就是高福利国家，通过出售油气资源所得到的利润自然给国家带来了一大笔额外收入，相应的福利开支也逐渐水涨船高。

荷兰曾经一度出台过一部救助残疾人的法律，这项法律对残疾人的认定标准极度宽松，而且对残疾人的补助也非常丰厚，甚至远远高于失业救济金。结果，荷兰的“注册”残疾人数量剧增，最多的时候残疾人数量竟达到所有就业人数的六分之一。

同时，蓬勃发展的能源行业也严重地打击了荷兰的农业和其他行业的发展，削弱了荷兰出口商品的整体竞争力。

本来，荷兰的制造业和农业虽然规模不大，但也利润颇丰，在欧洲乃至世界都有些名气。比如说飞利浦公司就是世界上最大的照明器具和微电子设备生产商，曾经在 1965 年制造出世界上第一款电子芯片。其他的诸如花卉和种子出口等行业做得也是有声有色。但是，随着石油业的影响，荷兰对能源出口的依赖越来越严重，这些行业在欧洲甚至在世界逐渐失去了竞争力。这里的原因很简单，既然光凭借开采石油和天然气就能获得不菲的财富，谁还会费心费力地搞什么产业升级和经济转型呢？

早在油价尚高的时候，一部分周边国家的有识之士就曾对荷兰能源业繁荣背后的危险性表现出了担忧，很多人觉得荷兰人如此轻松地放弃了原有的优势产业是自断其臂。英国的《经济学人》杂志就曾犀利地指出，荷兰对于能源行业的依赖已病入膏肓，将来会失去创新能力，经济必将走向颓势。

果然，在经历了十余年的能源行业黄金增长期后，1982 年，荷兰的油田接近枯竭，再加上国际油价下跌，导致荷兰石油收入一落千丈。同一时期，荷兰的经济也开始走向下坡路。人力和物价依然非常高昂，但收入增长率却逐年降低，失业率开始上升。

但是，已经习惯了原有高收入和高福利的人们是不会轻易允许政府和企业降低自己的工资与福利水平的。一旦某届政府推出了缩减福利的政策，那么这届政府就会陷入民众的激烈抨击中，并在下一届政府的选举中失去大众的选票。

在经济学中有个名词叫“棘轮效应”，描述的就是这种现象。棘轮，指的是一种只能向前旋转而不能倒退的齿轮。这个和我们的谚语“由俭入奢易，由奢入俭难”颇有异曲同工之妙。

显然，经济发展的“棘轮效应”在荷兰非常明显地显露出来。结果，这个国家在相当长的时间内陷入了经济停滞和通货膨胀的两难境地。并且，荷兰这种因为依赖某种自然资源而突然暴富导致其他行业不振，最后引起经济衰退的现象还被人们冠以了“荷兰病”的名字。

可见，暴富并不一定是美梦，有可能是诅咒，尤其是在“资源诅咒”面前，一个国家的选择至关重要。对了，国家繁荣经济腾飞；错了，经济倒退功亏一篑。

（韩毅）

『88888』账户引发的金融悲剧：英国巴林银行破产记

1999年年底，一家位于伦敦郊区不起眼的电影院中，正在准备一部电影的首映仪式。很少有人知道，这家电影院的老板，以前竟然是金融界叱咤风云的人物——巴林银行的首席执行官彼得·诺里斯。

这一年已经是巴林银行破产的第四年了，今天首映的电影正是反映巴林银行破产经过的《魔鬼交易员》，讲述了一个普通的金融交易员搞垮一家大银行的故事。

此时诺里斯正坐在办公室中整理文件。忽然，一位职员敲门进来，他告诉诺里斯，一位长得很像电影主人公的人就坐在电影院中。

散场时，诺里斯特意在大门口驻足观察出场的观众。他发现，那位长得酷似主人公的男人果然就是造成巴林银行破产的罪魁祸首尼克·里森。

一位是巴林银行的前任CEO，另一位则是造成巴林银行破产的直接元凶。巴林银行倒闭后，两人就这样第一次相遇了。发生在1995年春天的那场惊心动魄的金融风暴再次浮现在眼前。

◆ 英国伦敦金融城的皇家交易所和英格兰银行

VTB Capital
Nº1

故事还要从巴林银行讲起。

巴林银行可能现在鲜为人知，但是在多年前，它却是英国乃至世界金融行业的一个标杆。

巴林银行于 1763 年由弗朗西斯·巴林爵士创建于伦敦，是世界上第一家商业银行。在巴林家族的用心经营下，这家银行到 19 世纪初，已经跃居世界第六。20 世纪初，它又受到英国皇室的青睐，被英国历代王室成员委托管理资产。

在这一过程中，巴林家族先后获得了五个世袭爵位，巴林家族的成员

◆ 巴林银行创始人后裔、曾担任英格兰银行行长的罗兰·巴林爵士及其家人

有的担任过印度总督，有的担任过英国中央银行行长，还有的出任过驻外大使和领事。种种荣誉使得巴林银行享有“皇家银行”的美誉。

进入 20 世纪 80 年代后，巴林银行在亚洲市场又获得了巨大的成功。凭借在香港、日本、新加坡等新兴经济体股票和期货市场的辉煌成绩，这家银行的业绩又获得了进一步提升，更加奠定了巴林银行的声誉。

伦敦和世界金融界对它的推崇和信任也到了无以复加的地步，人们都把它看作伦敦取得世界金融中心地位的头号功臣和一艘永不沉没的金融巨轮，对于这家企业能够在未来取得更大的成功深信不疑。

1989 年 7 月 10 日，尼克·里森开始进入巴林银行工作。这一年，他年仅 22 岁，但却已经是一位经验丰富的股票和期货交易老手了。尼克是个眼光独到的聪明人，他发现亚洲市场发展的前景非常光明，便主动请缨，申请调往亚洲任职，希望能够在那里成就一番事业。

尼克被调到印度尼西亚工作，表现卓越。因此，在进入巴林银行的第二年，他就被视为金融交易方面的专家。

1992 年 3 月，尼克被派往新加坡担任期货部门经理。随着新加坡经济的腾飞，新加坡的金融市场也随之水涨船高。尼克每天都要工作到凌晨。多年工作的积累使他成为世界上少数深谙期货交易之道的专业人士，再加上他肯于吃苦耐劳，不论多么劳累的工作都肯亲力亲为，很快就使得新加坡分行的业绩得到了进一步提升。

20 世纪 90 年代的金融交易大厅里，期货和股票的交易员们是通过手势和喊叫互相传递信息的。在人声嘈杂的交易大厅中，交易员有时会把手势看错，从而误读对方的意图。将买入看成卖出，听错操作价位等失误在所难免，一旦出现失误，银行就需要承担全部损失。

因此，各大银行内部都会设立一个“错误账户”，专门存放无法修改的错误交易，并在进行账目清算时统一进行扣除。

刚开始，尼克老老实实地将各种小错误事无巨细地上报给伦敦总部，但是这些频繁发生的小错误却让总部中负责清算工作的主管感到不胜其烦，于是他授权尼克重新建立一个独立的“错误账户”，让他能够在新加坡自行处理一些小错误而不必上报。换言之，这一账户将由尼克一人自由管理。

尼克找到了自己的助理——一位新加坡华人，她建议尼克使用在汉语中带有吉祥象征的 8 作为新账户的名字：“就用我们文化里最吉祥数字作为账号吧，五个 8 在华人文化中是财富的象征，对于我们这一行再合适不过了。”

就这样，一个在日后对整个巴林银行带来致命影响的账户诞生了。

时光荏苒，白驹过隙，转眼间到了 1992 年 7 月 15 日。新加坡交易大厅中如往常一样嘈杂而热闹。尼克手下的一位新手交易员却不小心犯了一个错误：客户要求购进二十份合同，这位交易员却将买进当成卖出，一天就损失了二万英镑，几天后，亏损就上涨到了 6 万英镑。

事实上，这笔损失在巴林银行看来只不过是九牛一毛。

但是，如果直接向银行汇报，不仅那位新手交易员会被立刻扫地出门。更重要的是，尼克的职场道路也会受到一定影响，至少奖金被扣除是肯定免不了的了。

尼克权衡再三，决定动用“88888”账户，将错误的订单改写后存入这一账户之中。结果，客户卖出 20 份合同的记录被改成买进 20 份合同，“88888”账户总共计入了 40 份合同的差额，相当于巴林银行凭空少掉了 40 份合同的交易。

就像一个学生在第一次作弊后总会忐忑不安一样，尼克也对这种行为感到害怕。但是，他转念一想，6 万英镑的损失与巴林银行的庞大资产相比无异于九牛一毛，而且这种损失如果用以后的获利逐渐平摊的话，无疑也是可以轻易挽回的。但实际上，这种行为已经违反了法律。

就像是吸食毒品一样，最初，几乎每个深陷毒瘾的人在一开始都会以为自己不会对毒品产生依赖，结果最后都事与愿违，尼克也逐渐对这个能够隐藏任何过失的账号产生了依赖。有了第一次，就必然会有第二次、第三次，乃至更多……

结果到了 1993 年 7 月时的亏损还是 600 万英镑，仅仅不到半年后这一数字就剧增到 3000 万英镑之多。

通过巧妙的做账，尼克不仅没有让巴林银行总部发现自己越来越大的窟窿，在财务报表上显示出的利润却越来越多。与此同时，尼克的上司和老板却将他视为赚钱的机器，屡屡为他的违规操作大开绿灯；同事们和亲朋好友也将他视为年轻有为的金融奇才，有的对他大加奉承，有的则对他暗中嫉妒。

最令人惊讶的是，巴林银行 1993 年的财报竟然显示，在 1 亿英镑的税前利润之中，光是尼克所在的新加坡分部就独揽了超过 1000 万英镑的利润，然而并没人知道 88888 账户中的损失已经达到了 3000 万英镑。

1994 年 9 月，88888 账户中的亏损已经高达 5000 万英镑，尼克已经深陷其中不能自拔了。此时，他已经从一名精明的分析师堕落成了一个孤注一掷的赌徒，只希望市场能够给他创造一次扭转乾坤的机会。但是，在金融市场中，运气从来都不是决定输赢的决定性要素。

杠杆原理大家都听说过，如阿基米德曾说过，给我一个杠杆，我就能撬动整个地球。虽然夸张，但借助杠杆的力量，的确能够达到四两拨千斤的效果。而在金融投资领域，杠杆原理体现得更为明显。有一种投资叫作“杠杆投资”，就是利用小额的资金来进行数倍、十数倍，甚至数十倍于自有资金的投资。杠杆投资的好处很明显，就是可以利用“他人”的钱给自己挣更多的钱；坏处当然也很清楚，亏钱的时候会亏得很快。如果是 10 倍的杠杆，跌个 10% 你所有的钱就都没有了。“收益与风险成正比”“高收益高风险”是永恒的规律。

很显然尼克深谙此道，即使已经有 5000 万英镑的亏空，但是假设股票市场能够持续反弹，那么在高杠杆的作用下，他的收益也将会成倍增长，还是很有希望填补亏损甚至还能大赚一笔。

凭着自己多年的期货交易经验，尼克孤注一掷把宝全都压在了日经指数期货上。从当时的情景来看，尼克的选择并没有错。1994 年 11 月，日本股市在长达 30 个月的萧条之后终于迎来了上涨，只要日经指数上涨到 19000 点，不仅可以扳回前面的损失，而且还可以大赚一笔。

可是，人算不如天算，1995 年 1 月 17 日，7.2 级的大地震撼动了整个日本列岛，也震撼了整个日本的金融市场，日本股市随之迅速下跌。

逆市场而动的操作使他的损失越来越大。在短短的一个月内，巴林银行的财务因此而完全失控，尼克带来的损失由于杠杆效应而迅速扩大到 8.6 亿英镑的巨额数字，这个数值已经是巴林银行全部资本及储备金的 1.2 倍。且日经指数还在不断下跌，损失缺口越来越大，已经完全超出了巴林银行的偿还范围。

1995 年 2 月 26 日，一条消息震惊了整个世界金融市场。

◆ 古老的英格兰银行

具有230多年历史、在世界1000家大银行中按核心资本排名第489位的英国巴林银行，因进行巨额金融期货投机交易，造成9.16亿英镑的巨额亏损。在经过国家中央银行英格兰银行先前一个周末的拯救失败之后，被迫宣布破产。

后经英格兰银行的斡旋，3月5日，荷兰国际集团(lNG)以1美元的象征价格，宣布完全收购巴林银行。英国最古老的银行就这样走到了尽头。

从整个故事表面上看起来，好像是尼克的判断失误点燃了整个事件的导火索，实际上我们更应该反思的是：高杠杆的金融衍生品如期货、期

◆ 原油宝带来的警示

权，是这个世界通向财富的快速通道，但是它充满了风险，交易不当将导致巨大的风险，有的甚至是灾难性的。

巴林银行的悲剧是金融衍生品第一次向世人展现了其巨大的破坏力，这个警示振聋发聩，但还是有人对它趋之若鹜，如偏激的赌徒一样飞蛾扑火。

就拿最近震动全国的原油宝事件来说，损失惨重的投资者或许在购买之前应该了解一下巴林银行破产记，或许头脑会清醒一点，不至于被投机迷了双眼。

（韩毅）

麻雀山俱乐部的杰作：寡头操纵下的总统选举

寡头在20世纪末的俄罗斯是一个非常特殊的群体，特指在苏联解体的历史大背景下通过一些灰色手段来发家致富，最终掌握国家经济命脉的人物。

也许大家对寡头的概念有些陌生，我们可以把他们想象成一群善于操纵木偶的木偶师，他们一般隐藏在舞台背后，用透明的线绳操纵着台前木偶们的一举一动。

俄罗斯的寡头们就是这样一群人物。他们在苏联解体的混乱中积累了巨额财富，垄断了很多行业，并且将触手伸向政界。今天我们要讲的，就是寡头如何用自己手中的工具影响俄罗斯选举，并以此为自己牟利的故事。

1996年1月末的一天，莫斯科刚刚下了一场大雪。雪后的空气是如此清新，仿佛是被仔细清洗过一样，没有一点污浊。在莫斯科的西南部，

◆ 可以俯瞰莫斯科的麻雀山

有一座海拔仅为 220 米的小山丘。这座小山在苏联时期曾经被冠以列宁山的称呼，而现在恢复了麻雀山的原名。

麻雀山长满了树木，山下流淌着莫斯科河。每到夏天，就仿佛是一顶绿色的冠盖，而在这样一个雪后的冬日，整座山则几乎变成了白色。

麻雀山的制高点可以俯瞰莫斯科的全景，而就在制高点不远处东北部的山坡上，坐落着一栋别墅。在麻雀山别墅并不少见，这座别墅与其他别墅相比没有什么两样。它的周围竖立着一圈灰色的围墙，一般人还真看不出什么究竟。

但是，别看这座宅子不太起眼，一个星期中总有那么一天，许多豪华轿车会从清晨开始陆陆续续地开进院里。过了一夜之后，在第二天清晨又纷纷离开。大多数人都不知道这座房子究竟属于谁，也不知道在这座房子里发生了什么，这些只在某一天进进出出的车辆无形中又为这座房子平添了一份神秘的色彩。

但是少数知情的人却明白，这座房子的主人和他的客人们所做出的决定，在有些时候甚至要比克里姆林宫里的总统大人更能够左右这个国家的走向。

◆ 俄罗斯寡头形象漫画

原来，从 1994 年 9 月起，少数几位在富豪榜上位居前列的商人就会定期在这座别墅中举行聚会。

他们几乎每周都会选择一天在这座别墅中碰头，互相交换有关国家政经大事的意见，并商量共同对策。这样，就形成了一个非正式的组织，这个组织根据地名被称为麻雀山俱乐部。俱乐部的核心成员是被称为七寡头的大富豪，这七个人控制着俄罗斯将近一半的经济。今天，又是他们聚会的日子。

别墅的二层有一个大客厅，两面硕大的落地窗安装在正对莫斯科市区中心的位置。俱乐部的发起人之一、有着“鹅老板”外号的弗拉基米尔·古辛斯基正倚靠在一张宽大的皮沙发上，出神地望着夜色。

外面的莫斯科华灯初上，墨蓝色的天空下一条条通往市中心的道路已经被路灯照成了暖黄色。他竟不禁有些恍惚。是啊，仅仅在几年前他只不过是个小小咨询公司的老板，但是现在他已经成为垄断全俄媒体的大商人了。这一切发展得那么的迅速，几乎就像一场梦境一样。

这时，屋子里的灯被打开了，古辛斯基从窗户上看到了霍多尔科夫斯基的脸。这是一张年轻的面孔，棕色头发，大大的、棕色的、目光天真的眼睛，儒雅的脸，戴着一副超大号的眼镜。古辛斯基知道，这个年轻人是刚从瑞士滑雪胜地达沃斯举办的世界经济论坛会场回来的。

米哈伊尔·霍多尔科夫斯基是地地道道的莫斯科人，今年才 32 岁。他在大学毕业后曾经担任过一段时间共青团的干部，后来在苏联解体前后的混乱中下海经商。与那个时代脑袋活络的其他聪明人一样，霍多尔科夫斯基利用之前的老关系，通过各种可以言说或者不可言说的手段攫取了巨额的财富，并与俄罗斯政界的一些人物建立了良好的关系。眼下，他也已经跻身俄罗斯最成功的商人行列了。

霍多尔科夫斯基用他那一贯柔和的语调说道："弗拉基米尔，你看新闻了么？我们的老朋友叶利钦总统好像遇到了一点小麻烦。"

古辛斯基没有作声。他知道，这两年以来，叶利钦在民众中的支持率并不高，在某些民调中只有个位数。"别担心，我们知道他有麻烦，但是米沙，放心吧，这又不是第一次了。"

"看看电视，看看电视你就清楚了。"

"啵，好吧。"古辛斯基边说边把电视调到了俄罗斯独立电视台（NTV）一台，顺便说一下，这个电视台也是他的财产。新闻中正播报着达沃斯世界经济论坛闭幕的消息，在画面中，一个大鼻子略微有些秃顶的男人正在和各个商界巨头与领袖们合影。古辛斯基注意到，这个男人正是俄罗斯共产党的主席久加诺夫。

"米沙，那边的情况怎么样？"古辛斯基问道。

"不太好，他在那里比我们想象的受欢迎多了。"

原来俄罗斯再过几个月就要举行总统大选了，久加诺夫积极地把自己打扮成一个尊重个人财产和民主制度的共产党人，他还声称自己是"世界上最为平和的人"，不会全面扭转私有化政策。

凭借着这些表态和在国内不低的支持率，久加诺夫被许多西方商人和政治家视为可以接受的俄罗斯总统人选。本来俄罗斯共产党的支持率就遥遥领先，如果再加上西方人的支持，那么久加诺夫的优势岂不是更加稳固吗?

古辛斯基清楚自己的财富并不都是白色的，他不由得想起了美国金融大鳄索罗斯的警告：一旦俄罗斯共产党掌权，你们这些寡头就只有被吊死的份了。而他们积累的庞大财富也将付诸东流。想到这里，他决定联合其他寡头不惜一切代价，协助叶利钦赢得即将到来的总统选举。

他们联系到俄罗斯政治家丘拜斯。丘拜斯曾经是俄罗斯政府的副总理，刚刚作为叶利钦政绩不佳的替罪羊被撤职。但是，丘拜斯并不灰心，反而宣称："我虽然退休了，但是生活才刚刚开始。"与霍多尔科夫斯基一

◆ 丘拜斯

样，他也震惊于久加诺夫在达沃斯受到的礼遇。他看到许多西方公司的总裁都围着久加诺夫套近乎，为此在经济年会的最后一天召开了一次记者招待会。

会上，他指责久加诺夫公开说谎，并向记者们宣告，一旦俄共取得政权，那么俄罗斯将陷入大规模的流血冲突。古辛斯基正是看到这一点，才要求在经济年会结束后单独约见丘拜斯，并希望丘拜斯与他们联合起来阻止俄罗斯共产党的上台。

3 月，在丘拜斯等人的撮合下，叶利钦与寡头们会面了。在交谈过程中，丘拜斯毫不留情地告诉叶利钦他的支持率只剩下 5%，而叶利钦周围的政客们为了欺骗他，则谎称支持率竟然高达 98%。寡头们建议叶利钦起用丘拜斯作为竞选小组组长，而他们则将为叶利钦提供竞选经费，营造宣传攻势。

寡头们在自己控制的媒体上不断地播放着声援叶利钦的广告。在这些广告中，叶利钦被描绘成一位慈祥和蔼的父亲，一位旨在稳定社会秩序的政治家。在广告的最后，叶利钦穿着开领的白色衬衣出现在画面上，用一种温和的口吻说："我们国家的人民生活非常辛苦，但请大家务必相信我，心中要抱有希望。"

◆ 1991 年，当选为俄罗斯总统的叶利钦

对于俄罗斯人来说，竞选广告本身就是一个新奇的事物，人们第一次在电视机前看到自己的领导人犹如邻家的大叔和自己唠嗑一样讲话，不禁心生好感。事实上，在寡头们控制的电视台上，叶利钦的曝光率要比他的对手高出三倍。

另一方面，根据竞选规则，叶利钦只能拥有 300 万美元的竞选预算，但根据统计，他竞选期间他的花销实际上达到了 1 亿美元。当然，这么多钱的来源自不必说。当然，寡头们也相应得到了回报。

1996 年 5 月，俄罗斯财政部发行了价值 17.5 亿美元的国债，据说有两亿美元的国债收入被霍多尔科夫斯基和古辛斯基等人转移了。

1996 年 7 月 3 日，总统大选的结果揭晓了，叶利钦以 2% 的微弱优势赢得了选举的胜利。七寡头集团获得了成功，其中一人成为副总理，另一人成为国家安全委员会副秘书，其他人也获利颇丰。在叶利钦总统就职典礼上，七位寡头坐在前排，满面春风，“七巨头”也就此为全世界所知。此时的俄罗斯，资本与权力实现了高度结合，七寡头中的一人宣称，只有强大的资本才会有强大的国家，“现在的权力就是资本”。

这无疑是寡头们将会在背后领导俄罗斯的宣言。

（韩毅）

图书在版编目（CIP）数据

新世界的曙光 / 花木僧主编；韩毅等著 . -- 北京：新星出版社，2022.3

（文明的故事；3）

ISBN 978-7-5133-4747-1

Ⅰ . ①新… Ⅱ . ①花… ②韩… Ⅲ . ①世界史－文化史 Ⅳ . ① K103

中国版本图书馆 CIP 数据核字 (2022) 第 004664 号

文明的故事（第三卷）

新世界的曙光

花木僧　主编；韩毅　等著

责任编辑：姜　淮
产品经理：李金学
责任校对：刘　义
责任印制：李珊珊
装帧设计：冷暖儿

出版发行：新星出版社
出 版 人：马汝军
社　　址：北京市西城区车公庄大街丙3号楼　　100044
网　　址：www.newstarpress.com
电　　话：010-88310888
传　　真：010-65270449
法律顾问：北京市岳成律师事务所

读者服务：010-88310811　　service@newstarpress.com
邮购地址：北京市西城区车公庄大街丙3号楼　　100044

印　　刷：北京美图印务有限公司
开　　本：889mm × 1194mm　　1/16
印　　张：18
字　　数：225千字
版　　次：2022年3月第一版　　2022年3月第一次印刷
书　　号：ISBN 978-7-5133-4747-1
定　　价：68.00元

版权专有，侵权必究；如有质量问题，请与印刷厂联系调换。